KB118097

자기 동력으로 일하고,
자신의 답으로 해결하며,
스스로 성공을 만들어내는 사람.
셀프 파워로 움직이는 사람은
결코 지치지 않습니다.

_____ 님께

_____ 드림

셀프 파워

당신은 제대로 미쳐본 적이 있는가

셀프 파워
SELF POWER

김종식 지음

오유아

Part 2 '남의 답'으로 '내 문제'를 풀지 않는다
: 셀프 파워

Part 3 각자 움직이되, 같이 성장한다

: 셀프 시스템

누구도 아닌 **자신**을 위해, **무엇**으로가 아닌 <u>스스로</u> 일하는 사람, 당신은 **셀퍼**인가?

"보상이나 자극이 없으면, 도무지 스스로 움직이지를 않아요. 언제까지 떠먹여줘야 한답니까?"

한 강의에서 만난 중소기업 CEO의 한탄이다. 그는 시켜야 근근이 일하는 직원들에 대한 불만이 팽배해 있었다. 아니, 불만이라기보다 안타까움이었다. 평사원에서 시작해 최고경영자까지 오른 경험자로서, 또 수많은 후배들과 직원들을 지켜봐온 선배로서, 스스로 움직이는 사람의 가능성과 스스로 성장하지 못하는 사람의 한계를 분명히 알고 있기 때문이다.

하지만 직원들도 할말은 있다. 요즘 직장인들에게 성공이나 자기계발은 더이상 화두가 되지 못한다. 한창 일할 때인 30대 후배들을 만나면 대부분 비슷한 이야기를 털어놓는다.

"어차피 기를 쓰고 노력해봤자 성공, 그런 건 남의 이야기잖아요. 괜히 힘만 빼고 싶지 않아요. 회사 좋은 일만 시키는 거고……"

"저는 가늘고 길게 가고 싶어요. 어떻게 하면 눈에 띄지 않고 조용히 회사를 다닐 수 있을까요?"

"돈이야 많이 벌면 좋긴 하겠지만…… 승진도 귀찮아요. 갖은 애를 써서 승진해봤자, 얼마나 출세를 하겠어요."

성공지상주의가 낳은 피로감으로 인해 무기력에 젖어든 그들을 이해 못할 바는 아니다. 이렇게 하면 성공할 수 있다고, 자신을 채찍질하면 성공이라는 달콤한 열매를 맛볼 수 있으니 조금만 참으라고, 감언이설에 솔깃해 달려왔지만 남은 것은 방전된 체력과 정신력, 그리고 성공은 결국 소수의 몫이라는 좌절감뿐이었다.

답답한 경영자와 무기력한 조직원, 그리고 이로 인해 정체된 조직. 과연 해결책은 없는 걸까?

'지시와 이행' 대신 '선택과 몰입'으로, 스스로 성장하는 사람들의 비밀

나는 1986년 미국계 글로벌기업 커민스Cummins에 선임연구원으로 입사해, 1991년부터 2009년까지 커민스의 한국 투자법인인 커민스코리아 대표이사 사장을 맡았다. 그사이 커민스차이나 대표이사 사장, 커민스 엔진사업부의 아시아지역(한국, 일본, 싱가포르 등 17개국) 대표를 겸임하기도 했다. 2009년부터 2012년까지는 인도계 글로벌기업 타타그룹Tata Group의 한국 투자법인 타타대우상용차의 대표이사 사장을 역임했다. 그리고 지금은 서울과학종합대학원 교수로 많은 후배들을 가르치면서 여러 CEO들과 함께 활기찬 조직, 행복한 회사를 만들기 위한 해법을 찾고자 노력하고 있다.

잠시 샛길로 빠져 그다지 특별할 것도 없는 이력을 읊은 까닭은, 30여 년간의 비즈니스 경험에서 만난 사람들, 그리고 학교에서 만난 여러 경영자들과 비즈니스맨들, 그 생생한 경험을 통해 위에서 던진 질문의 답을 찾을 수 있었기 때문이다.

그동안 동료로, 상사로, 부하직원으로, 거래처 직원으로, 학생으로, 후배로, 수천 명이 넘는 사람들을 만났다. 그중에는 아주 오래전에 함께했음에도 여전히 말투와 표정까지 생생히 기억나는 사람들이 있다. 성별, 국적, 직업, 지위가 제각각인 그들이지만 신기하게도 몇 가지 뚜렷한 공통점이 있다.

첫째, 그들은 누구도 아닌 자신을 위해 일했다.

커민스 책임연구원으로 일할 당시 밑에 있던 선임연구원 한 명은 모두가 퇴근한 사무실에서 홀로 연구하는 것이 '취미'였다. 혹시 상사의 눈치를 보는 것인가 싶어 "이번주는 급히 마무리해야 할 프로젝트도 없으니 일찍 퇴근하라"고 하면, "해야 할 일이 있어서가 아니라 하고 싶은 일이 있어서 남는 건데요?"라는 답이 돌아왔다.

그렇다. 그는 회사가 아닌 자신을 위해 일하는 사람이었고, 회사 일을 자기의 지적 욕구 충족과 지식 연마를 위한 수단이자 도구로 받아들이는 사람이었다.

이후로도 그처럼 자기만족을 위해 일하는 사람들을 몇몇 만날 수 있었다. 회사 입장에서는 그다지 반가운 존재가 아니었을지도 모른다. 회사를 성장시키겠다는 높은 로열티 대신 자신의 목표와 성장을 위해 일하는 사람들이었으니 말이다. 하지만 그들 대부분은 의도했든 의도하지 않았든 탁월한 성과를 올렸고, 말로만 회사를 위한다는 직원들보다 행동으로 회사에 이익을 안겨주곤 했다. 자신을 위한 길이 곧 회사를 위한 길이었던 셈이다.

둘째, 그들은 다른 인센티브 때문이 아니라 스스로 알아서 일했다.

타타그룹은 인도의 국민기업이다. 기업이 사회적 책임을 실천한다는 것이 무엇인지를 보여주는 모범사례로, 자사의 이익보다 국민의 행복을 우선시하는 회사로 유명하다. 단순히 경영자 한 사람의 의지만으로는 이루기 어려웠을 일이다. 높은 연봉이나 승진이라는 외부 자극 대신, 의미 있는 일을 하고 있고 이로써 더 나은 사람이 되고 있다는 자부심으로 일하는 직원들이 있었기에 가능했다.

2008년 타타에서 운영하는 인도 뭄바이의 타지마할호텔에 테러리스트가 침입해 위급상황이 벌어진 적이 있다. 놀랍게도 단 한 명의 직원도 도망치지 않고 고객의 안전을 확보하려 애썼다. 이것이 승진이나 보상을 염두에 두고 한 일일까? 자칫 목숨을 잃을지도 모르는 상황에서 말이다. 그들이 평소 일의 의미와 자신의 가치를 동일시하지 않았다면, 절대 불가능했을 일이다.

셋째, 그들은 '남의 답'이 아닌 '자신의 답'으로 일했다.

상사의 코칭이나 회사의 매뉴얼 대신 자신의 경험과 노하우로 일한 것도 그들의 공통점이었다. 비즈니스 모임에서 만난 한 대기업의 홍보실장은 기획부서에서 일하던 사람이었다. 그는 한 번도 경험하지 못한 홍보 일을 하면서, 선배들에게 조언을 구하거나 관련 전문가에게 도움을 청하는 대신 직접 몸으로 부딪쳤다. 남의 답으로는 잘해야 남만큼밖에 할 수 없지만, 자신의 답으로는 남보다 더 나은 길을 찾을 수 있다는 생각에서였다.

유독 신나서 일하던 사람들, 그 힘으로 발군의 성과를 창출하던 사람들에게 위와 같은 공통점이 있다는 사실을 깨닫고 좀더 깊이 파고들어보기로 했다. 마침 유능한 인재란 과연 누구인지, 성장하는 조직의 힘은 어디에 있는지를 연구하던 참이었기 때문이다. 이후 다양한 책과 논문, 각종 자료를 통해 자신의 분야에서 뚜렷한 퍼포먼스를 선보인 사람들과 기업들의 사례를 접하면서, 한 가지 키워드를 도출할 수 있었다.

바로 셀프 파워^{self power}였다. 즉 그들은 자기 동력으로 움직이고, 자신의 답으로 해결하며, 스스로 성장하는 힘을 지니고 있었다. 외부의 자극이나 보상이 아니라 스스로의 가치와 의미로 동력을 만들어내고, 남이 걸어간 길이 아니라 자신만의 길을 개척하고 있었다. 새 술은 새 부대에 담는 법. 기존의 방식을 탈피해 자신만의 방식으로 움직이는 이들을 기존의 용어로 부를 수 없다는 생각이 들었다. 이들을 표현할 새로운 용어가 필요했다. 그래서 셀프 파워를 지닌 사람과 조직을 셀퍼selfer라고 지칭하기로 했다.

> **셀프 파워** : 외부 자극이 아닌 자기 동력으로 움직이고, 남의 답이 아닌 자신의 답으로 해결하며, 스스로 성장하는 힘.
> **셀퍼** : 셀프 파워를 통해 성공을 만들어내는 사람과 조직.

2008~09년 글로벌 금융위기 이후 사람들을 가장 큰 두려움에 빠뜨린 것은 재정적인 어려움이 아니었다. 그보다는 더이상 어떤 시스템도, 즉 국가도 회사도 자신을 지켜줄 수 없다는 막막함이었다. 믿을 것은 오직 자기 자신뿐이라는 엄정한 현실은 우리를 외롭게 만들고 겁에 질리게 했다. 각종 힐링과 명상 열풍은 사람들이 찾은 새로운 도피처였지만, 그 역시 오래가진 못했다. 위로도 잠시뿐, 여전히 현실은 냉혹했기 때문이다.

이것이 지금 셀프 파워를 이야기하고, 셀퍼가 되어야 한다는 주문을 던지는 이유다. 이제 우리는 오직 우리의 두 발로 우뚝 서야 한다. 의지할 곳 하나 없는 허허벌판에서 불황과 경쟁이라는 비바람에 맞서기 위해선 스스로를 지키고 키우는 힘, 셀프 파워가 절실하다.

새로운 세상엔
새로운 공식이 필요하다

우리는 지난 40여 년간 특유의 근면함과 빠른 실행력을 바탕으로 놀라운 발전을 이뤄왔다. 그런데 이런 성과의 가장 큰 원동력이 된 직장인들은 보람과 행복을 느끼며 살고 있을까? 답은 아니요이다. 100명 중 16명 정도만이 일에 몰입하고 있고, 37명 정도만이 경영자들과 상사들을 신뢰한다는 한 설문결과는, 우리가 지금까지 일해온 패러다임을 파괴하지 않으면 안 된다는 사실을 강하게 시사한다. 몰입해 일하지 못하다는 것은 몸은 직장에 있지만 마음은 직장 밖에 있다는 뜻이다. 상사를 신뢰하지 못한다는 것은 곧 회사를 믿지 못한다는 의미다. 이런 조직이 과연 성장할 수 있을까?

사실 우리 대부분은 일을 열심히 하면 성공할 것이고, 성공하면 행복해질 것이라는 성공방정식을 믿어왔다. 앞서 말했듯 이 방정식이 오류로 드러났고 이제 새로운 공식이 필요하다.

몸 바쳐 일해봤자 제대로 인정받지도 못하고 회사 좋은 일만 시키는 것이라 생각하는가? 그렇다면 지금부터 당신을 위해 일하면 된다. 직원들이 매너리즘에 빠져 성장을 게을리하는 것이 불만인가? 그렇다면 직원들이 셀퍼가 될 수 있는 환경을 조성해주면 된다. 이로써 셀퍼 조직으로 거듭날 수 있다.

자신을 위해 일한다는 것이 어떤 의미인지, 직원들이 셀퍼가 되는 환경이 무엇인지 모호하게 느껴질 수 있다. 그래서 구체적이고 현실적인 방법들을 다양한 사례를 통해 정리했다. 어떻게 하면 스스로의 힘으로 성장하는 셀퍼가 될 수 있는지, 셀퍼들이 가슴 펴고 활발히 일할 수 있는 조직문화를 형성할 수 있는지, 실천적인 방안들을 담고자 노력했다.

이 책의 내용은 크게 세 가지로 구성된다. '셀프 모티베이션self motivation' '셀프 파워' '셀프 시스템self system'이 그것이다.

셀프 모티베이션은 단어 그대로 자발적으로 동기를 부여해 앞으로 나아가는 힘을 의미한다. 어떻게 하면 자기 자신을 독려하고 스스로의 힘으로 움직일 수 있는지, 구체적인 방법들을 정리했다.

셀프 파워는 다른 사람에겐 없는, 다른 사람과는 다른 자신만의 답을 의미한다. 새롭고 놀라운 성과는 늘 다름에서 출발했다. 기존의 방식으로는 기존과 비슷한, 혹은 기존보다 조금 나은 결과를 만들어낼 뿐이다. 하지만 기존에 없던 방식은 완전히 새로운 결과를 도출하게 한다.

셀프 시스템은 셀퍼를 키우는 환경이자 셀퍼들이 협업하는 방식을 뜻한다. 셀퍼들은 각자 일하되 같은 곳을 향한다. 즉 공동의 꿈을 향해 힘을 합쳐 나아가는 것이다.

나는 글로벌기업들의 한국법인뿐 아니라 미국과 중국에서도 오래 일했다. 이런 독특한 경험 덕분에 다양한 업무방식과 노하우를 동시에 경험할 수 있었다. 외국의 열린 문화와 창의적인 사고를 습득하면서, 한국의 덕목인 속도와 근성을 배웠다. 이런 경험을 바탕으로 정리한 이야기들이 부족하나마 새로운 도약을 꿈꾸는 조직과 비즈니스 피플에게 작은 도움이 되길 바란다.

이 책을 발간하기까지 도와주고 격려해준 많은 분들이 있다. 특별히 문학동네 출판그룹 고아라 팀장님, 동원산업 이명우 대표이사님, 서울과학종합대학원 김현진 교수님께 깊은 감사를 전한다. 각각의 분야에서 셀퍼로 활약하고 있는 그들의 조언과 도움이 없었다면, 이 책은 태어나지 못했을 것이다.

2014년 2월
김종식

Part 1

무엇이 그들을
미쳐서 일하게 만들었나
: 셀프 모티베이션

셀프 모티베이션이란 단어 그대로 스스로 동기를 부여해 앞으로 나아가는
힘을 의미한다. 상사의 코칭이나 연봉, 승진 등 외부 자극에 동기를 부여받는
사람은 불안정하다. 그 자극이 언제까지 지속될지 알 수 없기 때문이다.
하지만 자가발전하고 그 힘으로 나아가는 사람은 거침이 없다.
기름을 채워 달리는 자동차는 기름이 떨어지는 순간 퍼져버릴 수밖에 없지만,
스스로 동력을 생산해 달리는 자동차는 연료가 떨어질 걱정 없이
마음껏 내달릴 수 있는 것과 같은 이치다.

"세상을 움직이려면
To move the world,

먼저 나 자신을
움직여야 한다."
we must first
move ourselves.

_소크라테스

시켜서가 아니라 **알아서**, 그리고 **신나서**, 결국 **미쳐서** 일한다

한 무리의 사람들이 음악에 맞춰 춤을 추고 있다. 10분이 흐르고 20분이 흐르고, 시간이 흘러도 춤은 멈출 줄 모르고 열기는 점점 고조된다. 그런데 이상한 점이 하나 있다. 모든 사람들이 똑같은 동작으로 춤을 춘다. 동작도 단순하기 그지없다. 그저 제자리에서 빙글빙글 도는 것이 전부다. 점점 회전의 속도가 붙으면서 사람들은 어지러움과 고통을 느낄 것이다. 그런데 누구 하나 표정을 찡그리지 않는다. 오히려 환희에 가득찬 얼굴로 춤을 만끽하고 있다.

대체 무슨 춤이기에? 이 춤의 정체는 이슬람교의 일파인 수피즘의 종교의식에서 비롯된 수피댄스다. 고통스러운 동작은 무용수가 신과의 영적인 교감상태에 도달하기 위한 과정이며, 그 속에서 황홀경을 느낄 수 있다고 한다. 현재는 이집트, 터키 등 중동지역의 전통춤으로 알려져 있는 이 수피댄스에, '동기를 부여받는' 대신 '동력을 만들어' 일하는 '셀프 모티베이션'의 비밀이 담겨 있다.

셀프 모티베이션이란 단어 그대로 스스로 동기를 부여해 앞으로 나아가는 힘을 의미한다. 상사의 코칭이나 연봉, 승진 등 외부 자극에 동기를 부여받는 것은 불안정하다. 그 자극이 언제까지 지속될지 알수 없기 때문이다. 하지만 동기를 직접 자가발전하고 그 힘으로 나아가는 사람은 거침이 없다. 기름을 채워 달리는 자동차는 기름이 떨어지는 순간 퍼져버릴 수밖에 없지만, 스스로 동력을 생산해 달리는 자동차는 연료가 떨어질 걱정 없이 마음껏 내달릴 수 있는 것과 같은 이치다.

수피댄스를 추는 사람들은 오직 자신의 의지로, 자신을 위해 고통스러운 반복을 계속한다. 만약 누군가의 지시로 어쩔 수 없이 취야하는 춤이라면, 그토록 즐겁고 기쁘게 빠져들지는 못했을 것이다. 그리고 이런 셀프 모티베이션은 완벽한 몰입으로 이어진다. 외부 환경의 변화나 자극을 우려할 필요가 없으니 온전히 자신에게만 집중해 무아지경의 상태로 빠져들 수 있다. 빙빙 돌면 돌수록 탄력을 받아 더 빨리 돌면서 춤에 완전히 몰입하는 경지에 이르는 것이다.

당신은 어떤가? 남이 불어넣은 기운으로 간신히 일을 이어가고 있는가, 아니면 내가 나를 독려하고 이끌며 당당하고 힘차게 나아가고 있는가?

"어느 날 문득,
눈을 떠보니 사장이 돼 있었다"

후배 중에 대기업 계열사의 사장이 있다. 대학 졸업 후 평사원으로 입사해 임원을 거쳐 사장까지 오른 입지전적인 인물이다. 실력 외에도 줄서기와 권력 쟁탈이 중요하게 작용하는 거대 조직에서, 오직 능력 하나만으로 승진한 '천연기념물' 같은 존재이기도 하다. 그런데 이 친구, 어느 날 말하길 자신은 "한 번도 사장을 목표로 한 적이 없다"는 것이다. 목표를 향해 맹렬히 뛴 것도 아니었는데 성공을 거둔 자의 오만한 자랑인가 싶었는데, 그게 아니었다.

"저야 뭐, 그냥 일만 열심히 했죠. 하나하나 배워가는 재미가 쏠쏠하더라고요. 처음 입사했을 때는 회사가 아니라 대학원을 다니는 것 같았어요. 그런데 학비도 내지 않고 심지어 월급까지 받으니까 횡재한 기분이었죠. 진짜로요. 이런 이야기를 하면 동료들은 '뭐, 저런 놈이 다 있어?' 하는 눈빛으로 쳐다봤지만, 진심으로 그랬다니까요. 대학에서 배운 책에만 갇혀 있던 지식들이 제 경험이자 노하우가 돼가는 과정이 신기하고 재미있었어요. 그냥 그래서 계속, 매일매일 열심히 일한 것뿐인데, 아니 배운 것뿐인데 그러다보니까 어느새 사장이 되어 있더라고요. 허허."

수많은 사람들이 뚜렷한 목표를 가지고 정진해야 길을 잃지 않고 나아갈 수 있다고 말한다. 하지만 셀퍼들은 지금까지의 성공방식을 뒤집는다. 그들은 섣부른 목표 따윈 세우지 않는다. 언제 도착할지 모를 종착지보다, 지금 이 순간 어떤 길을 어떻게 걷고 있는지가 더 중요하기 때문이다. 언젠가 성공하면 한번에 보상받겠다는 마음으로 재미있지도 않고 보람도 없는 일을 감내할 마음은 없는 것이다. 현재 만족하고 즐겁다면, 그것이 바로 성공이다. 이렇듯 하루하루의 작은 성공small win을 쌓아 결국 큰 성공을 거두는 것은 셀퍼들의 주요한 특징 중 하나다.

세계적인 발레리나 강수진은 1986년 세계 5대 발레단인 '슈투트가르트발레단Stuttgart Ballet'의 최연소 단원으로 입단하며 이름을 알렸다. 하지만 그녀는 '최연소'라는 타이틀에 만족하지 않았다. 이제 그녀의 이름 앞에는 '최고'라는 수식어가 따라붙는다.

강수진은 1999년 무용계의 아카데미상이라 할 수 있는 '브누아 드 라 당스Benois de la Danse' 최우수 여성무용수상을 받았으며, 2007년 최고의 예술가에게 장인의 칭호를 공식적으로 부여하는 독일의 '캄머탠처린Kammertanzerin, 궁정무용가'에 동양인 최초로 선정됐다. 그야말로 발레리나로서 꿈꿀 수 있는 모든 것을 이룬 셈이다. 그런데 그녀 역시 한 일간지와의 인터뷰에서 "한 번도 꿈꾸지 않았다. 그저 하루하루를 불태웠을 뿐"이라고 고백한 바 있다.[1]

"사람들은 내게서 근사한 말을 듣고 싶어하죠. 하지만 내 생활은 결코 근사하지 않았어요. 어쩌면 매일 그 지루한 반복이 지금의 나를 만든 것 같아요. 뭔가 꿈꾸었다면 이렇게 오래 무대에 서지 못했을 거예요."

그녀는 '지루한 반복'이라고 칭했지만 이를 '작은 성공'으로 치환해도 무방할 것이다. 매일 조금씩 연습하는 만큼 늘어나는 실력과 이를 통한 성취감으로 인해, 지루하고 고된 연습을 멈추지 않고 반복할 수 있었을 테니 말이다.

무엇보다 강수진은 삶의 중심에 '남'이 아닌 '나'를 두었다는 점에서 셀프 모티베이션의 좋은 본보기가 된다. 그녀의 책 『나는 내일을 기다리지 않는다』를 보면, 일과 삶의 중심에 자신을 둔다는 것이 어떤 의미인지 잘 보여주는 이야기가 등장한다.[2]

"모두가 '살기 위해' 연습을 하고 있다고 말하지만 내가 보기에 그들은 정말 살기 위해 연습을 하는 게 아니었다. 많은 사람이 자신에게 집중하지 못했다. 경쟁자를 의식했고 단지 그들보다 더 많은 시간을 연습하는 데 신경을 곤두세웠다. 진정 살기 위해 연습한다는 건 그런 것이 아니다. 살기 위해 연습한다는 것은 오로지 나만을 의식하며 연습하는 것이다. 연습에서 남의 시선은 중요하지 않다. 중요한 것은 남이 보기에 18시간 연습한 것처럼 보이는 게 아니라, 스스로 18시간 연습했다는 생각이 드는 것이다."

그저 열심히 일하다 어느 날 문득 보니 최고의 위치에 올라 있었다는 대기업 계열사 사장, 그저 하루하루를 불태웠을 뿐 내일을 꿈꾸지 않았다는 발레리나 강수진…… 이들을 움직인 힘은 '목표'나 '꿈'도 '지시'나 '보상'도 아니었다.

스스로 성장하는 느낌이 좋아 계속 성장하려고 노력하다보니 사장이라는 성공이 따라왔다. 내일을 꿈꿀 여유도 없이 오늘의 연습에만 집중하다보니 세계에서 가장 뛰어난 발레리나가 됐다. 누가 '시켜서' 누가 '알아줘서' 같은 이유는 셀퍼들에게 동기로 작용할 수 없다. 누가 시켜서가 아니라 자신이 알아서, 누가 알아줘서가 아니라 자신이 신나서 움직이는 사람들이 바로 셀퍼다. 그 누구도 그 무엇도 아닌, 스스로가 중심이 되어 스스로를 위해 일하는 '행복한 이기주의'가 바로 그들의 동력인 셈이다.

'작은 성공'으로 '큰 성공'을 이루는 눈덩이효과

눈덩이효과snowball effect는 어떤 사건이나 현상이 작게 시작해 점점 커지는 과정을 뜻하는 용어다. 일반적으로 초반의 실수가 걷잡을 수 없는 오류로 확산되는 부정적인 의미로 사용되지만, 작은 과정들이 모여 큰 성취를 이루는 긍정적인 의미로도 쓰인다. 후자의 의미에서 셀퍼들은 눈덩이효과를 탁월하게 사용한다.

첫째, 성공을 습관화한다.

과도한 목표를 설정하고 그 목표를 달성하지 못하면, 대부분은 목표 자체가 비현실적이었다고 생각하거나 자신의 능력이 부족하다며 한탄한다. 따라서 목표를 잘게 쪼개 조금씩 이루면서 작은 성공을 맛보는 긍정적 경험이 중요하다. 셀퍼들은 미래의 목표보다는 현재의 만족을 위해 움직인다고 했는데, 현재의 만족은 곧 작은 목표라고 봐도 무방할 것이다. 작은 성공은 매우 강력한 힘을 발휘하며 개인이나 조

직에 지렛대효과를 가져와 궁극적으로 큰 성과를 거두게 한다는 사실은 학자들의 연구를 통해 입증됐다.[3]

우리 뇌는 반복학습에 잘 길들여진다고 한다. 한 사람이 사고로 갑자기 실명한 경우를 예로 들어보자. 이 사람은 점자를 통해 글을 읽는 훈련을 한다. 이후 점자를 읽는 데 사용하는 손가락과 사용하지 않는 손가락에 각각 센서를 달아 뇌의 반응을 측정해보면, 사용하는 손가락을 점자판 위에 올리기만 해도 뇌가 매우 활발히 움직인다는 사실을 확인할 수 있다. 반면 점자를 읽는 데 사용하지 않는 손가락을 점자판 위에 올리면 뇌는 아무런 반응도 하지 않는다. 이 실험에서 입증되듯 우리 뇌는 활동과 환경에 비교적 빨리 적응하는 능력을 갖추고 있다.

따라서 작은 성과를 반복해 이루는 일은, 우리 뇌를 성과 달성에 익숙해지도록 학습시키는 일이기도 하다. 이른바 '성공의 습관화'는 큰 성공을 한번에 이루려는 시도보다 훨씬 효율적인 방법이다.

물론 조직에서는 작은 성공만으로는 부족하다고 생각할 수 있다. 기업들의 일반적인 성장목표는 연 10퍼센트 이상이다. 2005년에서 2012년까지 삼성전자, LG, 현대자동차, SK이노베이션, 포스코 등 국내 대기업의 성장률은 거의 100퍼센트였다. 연평균 10퍼센트의 매출 성장을 이루며, 7년 사이에 매출이 두 배 정도 늘어났다. 하지만 이는 1990년대부터 설계 및 제조기술뿐 아니라 신시장 개척, 인재 육성 등 다방면에 걸쳐 장기적인 안목으로 투자해왔기에 가능한 일이다. 작은 성공들이 쌓여 큰 성공으로 이어진 셈이다.

따라서 일반적인 기업이라면 직원들의 역량을 고려해 첫번째 과제의 목표치는 전년 대비 3~5퍼센트, 두번째 과제의 목표치는 5~7퍼센트, 세번째 목표치는 7~10퍼센트 정도로 설정하는 것이 바람직하다.

둘째, 목표보다 이유를 중시한다.

매년 연초가 되면 각 회사는 그해의 매출목표 등을 비롯해 사업계획을 발표한다. 목표는 거창하기 그지없다. 전년 대비 20~30퍼센트 성장, 글로벌기업으로의 도약 등등. 하지만 상반기가 지날 즈음엔 점점 목표를 달성할 수 있을까라는 우려의 소리들이 터져나오고, 하반기가 끝나갈 무렵엔 올해 목표는 온데간데없고 내년 목표를 새로 수립하기 바쁘다.

일반인이라고 다르지 않다. 새해에 이룰 목표들을 세워뒀다가 작심삼일로 그치고 만다. 이유에 대한 진지한 고민 없이 무작정 목표만 세우기에 벌어지는 폐단이다.

우리는 흔히 잘못된 일에 대해서만 '왜?'를 들이댄다. 왜 성과가 나지 않았지? 왜 성적이 떨어졌지? 왜 그 사람과 싸웠지? 물론 실패와 관련된 이유를 묻는 것도 중요하다. 문제를 해결할 수 있는 방안을 찾는 질문이기 때문이다. 하지만 그만큼 중요한 것이 일 자체에 대해 이유를 묻는 일이다. 왜 이 일을 해야 하지? 왜 이 목표를 이뤄야 하지? 내가 왜 그것을 해야 하는지, 어째서 그것을 이뤄야 하는지에 대한 분명한 이유는 쉽게 꺼지지 않는 동력으로 작용한다.

목표는 누군가에게 보여주기 위한 것이다. 하지만 이유는 나를 납득시키기 위한 것이다. 결국 움직이는 주체는 남이 아니라 나다. 나를 먼저 납득시켜야 기꺼이 신나게 움직일 수 있는 것이다.

어떻게 나를 이끌 것인가

셀퍼들은 알아서, 그리고 신나서, 결국 미쳐서 일하지만 일반인 입장에서 스스로 동기를 부여한다는 것이 쉬운 일은 아니다. '누군 그렇게 하고 싶지 않아서 이러고 있나'라고 생각하는 사람도 분명 있을 것이다. 그래서 스스로를 독려하고 힘차게 이끄는 몇 가지 방법을 소개해보고자 한다.

첫째, 자신만의 정의를 내려라.

디즈니랜드의 직원들이 자신의 일을 '사람들에게 행복을 만들어준다'라고 정의한다는 이야기는 유명하다. 놀이기구를 운전한다는 생각과 사람들에게 행복을 선물한다는 생각은 천지 차이다. 놀이기구를 운전하는 직원은 좁은 공간에 갇혀 같은 일을 반복하는 지루함과 답답함을 견딜 수 없다. 고객들의 웃음과 환호도 시끄러운 소음으로만 여겨진다. 반면 행복을 선물하는 직원은 자신의 행동 하나하나가 행복을 만들어내고 있는 것이라는 데서 기쁨과 보람을 느낀다. 고객들의 웃음과 환호는 내가 그 일을 잘하고 있다는 증거이기에 반갑고 고맙다.

당신의 일을 당신만의 언어로 정의하는 것은, 곧 당신의 일을 귀하게 만드는 것이다. 만약 당신이 마케팅부서에서 일하고 있다면 '상품과 서비스를 고객에게 알리고 파는 마케터'라는 재미없는 정의에서 벗어나 '사람들이 꼭 필요한 물건을 놓치는 일이 없도록 친절하게 안내하는 가이드'라고 생각해보는 것은 어떨까? 세상에 상품과 서비스를 알리고 파는 마케터는 널렸지만, 사람들이 꼭 필요한 물건을 놓치지 않도록 도와줌으로써 그들 삶의 질을 높여주는 마케터는 그렇게 자신의 일을 정의한 그 한 사람뿐일 것이다. 만약 당신이 가전제품 영업자라면 '나는 사람들의 일상에 편리함을 제공한다. 나로 인해 사람들이 좀더 여유롭게 개인시간을 보낼 수 있다'라고 정의해볼 수도 있을 것이다.

둘째, 꼼꼼히 계산하라.

일이 재미없고 지겨워지는 순간, 대개 이런 생각을 한다. '내가 고작 그 쥐꼬리 같은 월급 받자고, 이러고 있어야 하나?' 일을 하면서 얻을 수 있는 것이 월급밖에 없다고 생각하면, 쉽게 지칠 수밖에 없다. 당신이 일을 통해 얻는 것들을 하나도 빠짐없이 꼼꼼히 계산하라. 보람이나 성취감 같은 형체 없는 감정을 말하는 것이 아니다. 돈처럼 그 정체가 분명한 것들이어야 한다.

함께 일하는 동료, 일하면서 만난 거래처 사람들은 지금 이 일을 하지 않았다면 쌓을 수 없었을 인적 자산이다. 월급+사람. 당신은 프로젝트를 수행하기 위해 각종 자료와 책을 탐독할 것이다. 이렇게 이전에 알지 못했던 새로운 정보와 지식이 쌓였다. 월급+사람+정보+지식. 이런 식으로 일을 통해 무엇을 얻고 있는지 구체화하면, 회의는 줄어들고 보람은 커질 것이다. 당신이 일에서 얻는 이익은 생각보다 많다. 일하면 할수록 더 많은 것들을 얻는 셈이다.

셋째, 일의 결과 대신 나의 결과를 고려하라.

화장품 디자이너 두 명이 신상품 디자인 작업을 마쳤다. 한 사람은 이렇게 말했다. '아, 드디어 신상품이 나왔구나.' 다른 사람은 이렇게 생각했다. '아, 나는 새로운 디자인을 또하나 완성했구나.' 전자는 일을 일로만 여기는 사람이라면 후자는 일을 성장의 계기로 생각하는 사람이라고 할 수 있다. 프로젝트에 돌입하거나 업무를 시작할 때, 그 일이 어떤 결과를 맺을지보다 그 일로 인해 내가 어떤 결과를 누릴지를 생각해보자. 이 작은 차이가 빚어내는 놀라운 힘을 경험할 수 있을 것이다.

하려고만 들면,
사막에서도 바늘을 찾을 수 있다

나는 1986년 미국계 글로벌기업 커민스에 연구원으로 입사했다. 커민스는 디젤엔진, 디젤엔진을 장착한 발전기, 디젤엔진에 필요한 여러 부품들을 생산하는 회사로, 포춘 500대 기업이기도 하다. 입사 후 그야말로 미쳐서 일했다. 누가 시켜서가 아니었다. 커민스는 디젤엔진 기술의 선두주자로 알려진 것 외에 직원들에 대한 관심과 배려가 높은 회사로도 정평이 나 있었다. 과도한 업무부담도 강압적인 조직분위기도 결코 찾아볼 수 없다. 그런데도 혼자 퇴근시간을 훌쩍 넘겨 야근하기 일쑤였고, 주말에도 홀로 출근해 사무실을 지키는 일이 비일비재했다. 한마디로 '일벌레'였다.

성공하고 싶어서? 돈을 많이 벌고 싶어서? 아니었다. 그런 생각을 할 겨를이 없었다. 그땐 그냥 일에 미쳐 있었다. 일만 보였고 일만 생각했고 일만 했다. 사실 영어 실력도 현지인보다 부족한 외국인 출신이 현지인들과 비슷하게 일한다면 그 능력을 제대로 평가받기 어렵다는 생각도 있었다. 현지인보다 월등히 뛰어나지 않다면 인정받기 힘든 실정이었다. 방법은 하나였다. 그들보다 적어도 30퍼센트 정도 일을 더 많이 하는 것이었다. 문화권도 다르고 업무방식도 다른 타지에서는 하나라도 더 경험하는 것이 더 빨리 깨우치는 길이었다.

그렇게 일하다보니 남들이 생각하지 못한 방법으로 문제를 해결할 수 있었고, 이전까지 그들이 하지 않았던 방식을 찾아내기도 했다. 이런 과정들이 쌓이고 어느덧 사장이 되어 있었다(그렇다. 앞의 대기업 계열사 사장처럼 말이다). 커민스가 한국에 지사를 내면서 커민스코리아의 대표이사로 부임한 것이다.

심리학자 미하이 칙센트미하이^{Mihaly Csikszentmihalyi} 교수가 '몰입'이라는 키워드를 내놓은 이후, 모든 조직과 사람들에게 요구되는 자질 중 하나가 몰입이 됐다. 몰입이란 문자 그대로 일에 빠져 다른 잡념이 들지 않는, 삼매경의 상태를 말한다. 오직 그것에만 미쳐서 그것 외에 다른 것은 생각지 않는 상태다.

몰입은 주문할 수 없다. 스스로의 동기 부여가 일어나지 않으면 불이 지펴지지 않는다. 즉 몰입은 직원들의 근태를 확인하거나 다른 생각을 하지 못하도록 바쁘게 만드는 식으로 향상시킬 수 있는 속성이 아니다. 군대의 훈련소에서처럼 계속 일을 부여함으로써 잡념을 없애는 것과는 완전히 다른 개념이다. 몰입은 매우 내밀한 심리적 반응이고 원초적인 행동이기 때문이다.

몰입의 경지에 오르기 위해선 자신이 하는 일에 대한 의미, 일을 통한 직장과 사회의 기여도에 대한 분명한 인식이 있어야 한다. 그리고 수행해야 하는 일의 어려움 정도를 본인의 능력으로 감당할 수 있다는 긍정적인 인식이 필요하다. 즉 자신이 중심이 되어(알아서), 긍정적인 인식을 갖고(신나서) 일하다보면 몰입의 경지(미쳐서)에 이르게 된다고 할 수 있다.

『장자』 외편 22편 지북유知北遊에는 대사마大司馬, 국방 군사를 관장하는 대신의 띠 갈고리를 만드는 노인의 이야기가 나온다. 작은 실수 하나 없이 띠 갈고리를 만드는 모습을 보고 감탄한 사람에게 노인은 다음과 같이 말한다.

"저는 나이 스무 살부터 띠 갈고리를 만들기를 좋아하였는데, 다른 것은 쳐다보지도 않았고 띠 갈고리가 아니면 보지도 않았습니다."

자신의 일이 아니면 쳐다보지도 않는 것, 오직 그 일만 생각하고 그 일만 행하는 것, 그야말로 진정한 몰입의 경지가 아닐까. 나 역시 비슷한 경험이 하나 있다.

커민스코리아 대표이사로 일하던 2000년 초 겨울, 미국 본사로 출장을 가게 됐다. 본사 중역들과 금요일까지 업무회의를 하고 주말을 보낸 후 월요일부터 한국에서 방문할 중요 파트너와 미팅을 진행하는 일정이었다. 입국하자마자 시작된 회의일정을 처리하고 한국에서 동행한 직원들과 주말에 콜로라도 주 스팀보트 시의 작은 스키장을 찾았다. 짧은 휴가로 고된 업무의 피로를 씻어내고, 일요일 오전 공항에 도착한 우리를 맞이한 것은 당혹스러운 안내방송이었다. 갑자기 내린 폭설로 콜로라도 주 덴버 시를 경유하는 비행 편이 모두 결항됐다는 것이 아닌가.

그야말로 피가 역류할 노릇이었다. 당장 내일 중요한 미팅이 잡혀 있는데 발이 묶여 움직일 수가 없다니. 평소처럼 본사 근처 호텔에서 머물렀다면 문제없었을 것을, 직원을 배려한다고 먼 곳까지 와서 주말을 보낸 것이 화근이었다. 하지만 뒤늦게 후회해봤자 의미 없는 일일 뿐, 방법을 찾는 것이 급선무였다. 모든 항공사의 비행 편이 취소된 상황이기에 다른 이동수단이 필요했지만 자동차로 눈 쌓인 로키산맥을 건너는 일은 너무 위험해 불가능했다.

직원들은 회의일정을 미루는 편이 낫지 않겠느냐고 했지만, 그것은 나의 대응책이 아니었다. 어렵게 잡은 미팅을 취소하다니, 다시 잡을 수 없을지도 모를 중요한 사업기회를 흘려보낼 수는 없었다. '무조건' '반드시' 본사로 돌아가야 했다. 오직 그 생각뿐이었다. 그러다 퍼뜩 떠오른 생각 한 가지가 있었다. 다급히 전화기를 들고 본사 전화번호를 눌렀다.

"저는 김종식입니다. 우리가 지금 스팀보트 시에 발이 묶여 있어요. 폭설로 모든 비행 편이 결항입니다. 내일 본사에서 중요한 미팅이 있는데, 혹시 회사 전용기를 보내줄 수 있을까요?"

"네? 회사 전용기요? 그게 한 번 움직일 때마다 얼마가 드는지 아세요? 차라리 미팅을 미루시는 게……"

"아니요, 절대 안 됩니다. 무조건 진행해야 합니다. 발생하는 비용은 제가 어떻게든 책임지겠습니다. 제 사비를 털어서라도 충당하죠. 그러니 꼭 보내주세요."

전용기를 띄우는 데 1000만 원이 드는지 1억 원이 드는지 알지 못했다. 이 일로 본사로부터 부정적인 평가를 받을 수 있다는 우려도 들지 않았다. 시간 내에 본사로 돌아가야 한다는 생각 외에는 아무것도 떠오르지 않았던 것이다. 몇 분에 걸친 설명을 들은 비서는 일단 알아보고 연락을 주겠다고 했다. 큰 기대는 하지 말라는 말도 또박또박 덧붙이면서. 그리고 몇 시간 후 공항에 날렵한 소형 비행기가 착륙했다. 본사에서 보내준 7인승 리어 제트기였다.

회사는 비용을 청구하지 않았다. 어떤 문책도 없었다. 오히려 어떻게든 일을 해결하려고 했던 자세를 좋게 평가했다. 요청 후 불과 몇 시간 만에 전용기를 보낸 본사 최고경영진의 신속한 결정과 배려는 실로 놀라운 것이었다. 이 놀라움은 이전까지 일에만 빠져 있던 내게 회사에 대한 높은 충성도까지 더한 계기로, 이후 직원들과 함께 회사의 이익을 창출하는 데 온 힘을 쏟았다. 어찌 보면 회사로서는 적은 투자로 크게 남는 장사를 한 셈이다.

무엇이 몰입인지에 대해 각자의 의견이 다를 수 있겠지만, 당시 어떻게든 답을 찾아야 한다는 절박함에 오직 그 답에만 집중했던 순간은 분명 몰입이었다. 해결책을 찾는 데 혈안이 돼 있었고, 해결책을 찾기 위해 모든 레이더를 가동했다. 그리고 마침내 해결해냈다. 하려고만 들면, 사막에서도 바늘을 찾을 수 있다는 사실을 절감한 순간이었다. 세상에 안 되는 일도 많다. 하지만 안 된다는 생각은 될 일도 안되게 만드는 장애물이자 훼방꾼이다. 해보기 전엔 누구도 결과를 확신할 수 없는 법이다.

또한 그때의 위기 대처는 이전까지 일해온 방식의 연장선상에 있는 것이기도 했다. 영화 〈주유소 습격사건〉에는 꽤 흥미로운 캐릭터가 등장한다. 배우 유오성이 연기한 '무데뽀'라는 인물이다. '무데뽀'는 어떤 싸움에서도 절대 지지 않는다. 17 대 1의 싸움에서도 최후의 승자는 늘 그다. 그가 싸움의 신이라거나 엄청난 힘을 지니고 있어서가 아니다. 비결은 '딱 한 놈만 패는 전략'에 있다. 패싸움이 났을 때 그는 자신이 찍은 딱 한 사람만 공략한다. 다른 사람은 쳐다보지도 않는다. 상대편 무리가 자신을 아무리 때리고 괴롭혀도 '한 놈만 패기'를 그만두지 않는다. 무식하고 집요하고 무섭게 한 사람만 상대한다. 결국 다른 사람들은 혹시 자신이 그 '한 놈'이 될까 싶어 슬금슬금 도망치기 일쑤다.

어찌 보면 나 역시 일할 때는 '한 놈만 패는 전략'을 구사했던 것 같다. 일하는 순간에는 오직 그 일을 어떻게 제대로 수행할 것인지에만 집중했다. 이 일이 실패하면 어떤 책임을 져야 하고, 이 일이 성공하면 어떤 보상이 따라올지 같은 '잡념'들은 끼어들 틈이 없었다. 딱 한 가지만 생각하는 평소의 몰입이, 위기에 처한 순간에도 문제에만 집중해 해결책을 찾을 수 있도록 도운 셈이다.

셀퍼들은 이리저리 기웃대거나 이것저것 따지지 않는다. 오직 자신 앞에 놓인 일, 그것 하나에만 집중하기도 바쁘기 때문이다.

자존심으로 시작해
자기만족으로 끝맺는다

"**제가** 왜 이 일을 하고 있는지 모르겠어요. 일은 힘들고 열심히 해도 제대로 보상도 못 받고. 회사에선 제가 이렇게 일하는 걸 알기나 하는 걸까요?"

"이게 사는 건가 싶습니다. 월화수목금금금. 하루라도 제대로 쉴 날이 없어요. 무슨 부귀영화를 누리자고 이러고 있는 건지……"

각종 모임에서 직장인들을 만나면 늘 비슷한 푸념을 늘어놓는다. 대부분 일은 많고 열심히도 하는데 보람도 없고 보상도 못 받는다며 한탄한다. 그런데 경영자들 역시 불만이 많다.

"우리 회사엔 '사람'은 많은데 '인재'가 없어요. 다들 열심히 했다고 주장하는데, 열심히만 하면 뭐합니까? 잘해야지. 성과를 맺지 못한 노력처럼 무의미한 게 어디 있어요?"

"알아서 하는 사람이 없어요. 시킨 일도 제대로 못해내는 사람이 태반이니, 원. 회사가 학교입니까? 언제까지 숙제하듯 일을 할 건지……"

직장인과 경영자 사이에는 좁혀지지 않는 간극이 존재한다. 이것은 기대치의 문제다. 조직원은 기여한 만큼 조직이 제대로 '보상'해주길 기대하고, 조직은 투자한 만큼 조직원이 제대로 '성과'를 올려주길 기대한다. 어느 한쪽의 양보만으로는 해결되지 않는 팽팽한 줄다리기다. 하지만 셀퍼들은 이 줄을 과감히 놓아버리고 완전히 새로운 경기를 펼친다. 상대는 바로 자기 자신이다.

자존심, 일하는 이유이자
일하게 하는 힘

남성 라이프스타일 잡지 『GQ』의 이충걸 편집장은 20년 넘게 잡지계에서 일하며 한 시대의 스타일을 주도해온 인물로 평가받는다. 그가 주목하면 유행이 된다고 해도 과언은 아니다. 본업 외에도 소설, 에세이, 인터뷰집 등 다양한 책을 출간하며 열혈독자층의 지지와 찬사를 받고 있다. 유행에 민감하고 변화가 빠른 잡지계에서 몇십 년 동안 그 명성을 유지한다는 것은 결코 쉽지 않은 일. 경쟁이 살벌한 비즈니스 정글에서 그를 지탱해온 힘은 과연 무엇일까. 한 인터뷰에서 그가 꺼내든

'자존심'이라는 단어가 그 힘을 유추케 한다.[4]

"저는 아무런 사회적 책무도 빚도 없어요. 제 직업에 가장 중요한 건 저의 개인적인 자존심을 지키는 거예요. 잡지를 만들다 보면 별의별 권세들과 마주하게 돼요. 대중적으로 알려진 누군가를 섭외했는데 연예 매니지먼트가 '우리 애는 반나절만 반짝하면 중소기업 하나를 좌우할 수 있어. 뭘 해줄 건데?' 하고 요구하는 일도 있어요. 그런 걸 콧등으로 날려버리자면 책이 말하려는 바, 또는 책 자체의 품질이 뛰어나야 해요. 책도 후지게 만들면서 그런 걸 웃긴다 하면, 지나가던 개가 밟아버리겠죠. 개인적 자존심을 지키는 건 『GQ』라는 미디어를 지키는 것과 똑같아요. 『GQ』는 저의 또다른 인격이거든요."

생각해보자. 당신은 무엇으로 일하는가? 자신의 직업에서 가장 중요한 것이 돈이나 명예, 주변 사람들의 인정이나 평가가 아니라 자신의 자존심이라고 당당히 말할 수 있는 사람, 과연 몇이나 될까? 아마 많지 않을 것이다.

자존심이라는 가치를 꺼내드는 순간, 직업은 전혀 다른 개념으로 탈바꿈된다. 생계를 유지하기 위한 수단에서 내가 존재하는 이유로 바뀌는 것이다. 그렇기에 이충걸 편집장처럼 당당히 자신의 일이 자신의 또다른 인격이라고 말할 수 있는 것이다. 셀퍼들은 돈으로 일하지 않는다. 자존심으로 일한다. 내가 지금 하고 있는 일이 단지 먹고살기 위한 지겨운 돈벌이가 아니라, 나의 가치를 입증하고 능력을 증명하는 무대라고 여기는 것이다.

때로 어떤 이들에게 자존심은 자신을 움직이게 하는 동기를 넘어 목숨보다 소중한 가치로 자리하기도 한다. 마이크 멀레인Mike Mullane은 공군장교 출신으로 최초의 우주왕복선 우주비행사로 선발돼 세 번의 우주비행 임무를 마친 인물이다. 그는 자신의 경험을 토대로 우주비행사들의 세계와 우주비행의 실상을 보여주는 책『우주비행, 골드핀을 향한 도전Riding Rockets』을 집필했는데, 그 책에 이런 이야기가 나온다.[5]

"우주비행사의 훈련에는 시험이 없었다. 우리는 어떤 지필시험보다도 훨씬 더 강한 동기를 가지고 있었다. 바로 우리 자신이었다. (중략) 동료나 경쟁자들 앞에서 남만 못한 꼴을 들키고 싶은 사람은 없었다. 따라서 우리는 목숨보다 더 소중한 어떤 것이 걸려 있는 것처럼 훈련에 매진했다. 사실 우리에게 자존심은 목숨보다 더 소중했다."

시스템 대신 사람에 집중하는, 자존심 경영

자존심 경영이란 조직원의 자존심을 존중함으로써 그들을 독려하고, 기업의 자존심을 지키기 위해 노력함으로써 오래도록 성장하는 전략을 뜻한다. 자존심 경영은 크게 두 가지로 나뉜다.

첫째, 자존심 경영은 곧 사람 경영이다.

기업이 발전하면 시스템 경영이 필수적으로 도입되곤 한다. 시스템 경영이란 사람에 대한 의존도를 줄이고 조직력과 프로세스를 중요시하는 경영방식이다. 새롭고 창의적인 생각보다 과거 경험에 의한 일정한 패턴이 중요시된다. 전략 수립이나 조직 운영 그리고 직원에 대한 평가가 체계화되는 이점이 있지만, 이런 이점이 때로는 연대의식을 저하시키는 부작용을 낳기도 한다. 사람이 시스템에 맞추어 돌아가야 하는 부자연스러운 현상이 발생하기 때문이다. 시스템 경영 안에서 조직원은 매뉴얼에 정해진 역할만을 수행하기 십상이다.

사실 시스템 경영은 산업사회에서 매우 효율적인 경영방식이다. 조직의 비전, 미션, 사업목표 등에서부터 현장의 실적 관리까지, 조직을 체계적으로 관리하기에 용이하다. 심지어 어느 경영 컨설턴트들은 "시스템 경영을 잘 구축하면 CEO 없이도 잘 돌아가는 조직을 만들 수 있다"고 주장하기도 한다. 일종의 무인無人 지하철처럼 말이다. 하지만 시스템 경영은 자율적 판단력에 의한 오류를 줄이고자 출발했기 때문에 자율성이 존중돼야 하는 환경에서는 득보다 실이 많을 수 있다.

코넬 대학교의 한 실험결과는 자율성이 성과에 얼마나 직접적인 영향을 미치는지를 말해준다.6 연구팀은 소규모 사업체 320여 개를 두 그룹으로 나누어 조사했다. 한 그룹은 종적인 경영방식, 즉 통제하는 방식을 적용했고 다른 그룹은 직원들에게 자율성과 융통성을 부여하는 방식을 취했다. 그 결과 자율적인 경영방식을 적용한 회사들은 강압적인 경영방식을 적용한 회사들에 비해 성장률이 네 배 정도 높았고 직원들의 이직률은 3분의 1 수준으로 낮았다고 한다. 미국의 소프트웨어회사 미디어스Meddius는 출퇴근시간이 따로 없다. 직원들이 자신의 상황에 맞춰 출퇴근시간을 정해 일한다. 국내 애플리케이션 성능 관리기업인 제니퍼소프트에서도 출퇴근시간은 직원들의 결정사항이다. 이처럼 극단의 자율성을 부여한 결과는 높은 성과로 돌아왔다.

자존심은 매뉴얼이 아닌 자기 스스로의 원칙으로 일하는 자율성에서 싹튼다. 즉 일을 이끄는 주체가 자기 자신이라는 인식이 자존심으로 이어져 일에 대한 책임감을 높인다고 할 수 있다. 셀프 파워를 키우고자 하는 조직이 '시스템'보다 '사람'에 집중해야 하는 이유다.

둘째, 자존심 경영은 곧 성장 경영이다.

조직원뿐 아니라 기업 역시 자존심으로 일할 줄 알아야 한다. 고우덕창 쌍용그룹 부회장도 자존심 경영을 강조했다. 오래된 이야기지만 자존심으로 일한다는 것의 의미가 무엇인지 정확히 설명하는 말이기에 다시 소개해본다.

"쌍용이 국내 최대의 시멘트회사에 만족하면서 현상 유지하는 것은 퇴보이자 자존심을 내팽개친 것이다. 자존심을 지키기 위해서는 기업 스스로가 품격을 지켜야 한다. 품격이 있는 기업은 품격을 지키기 위해 최선을 다하게 되고, 이는 기업 성장의 선순환으로 이어진다."7

먹고살기 위한 일이
의미를 부여받는 순간

후배들에게 자주 하는 이야기 중 하나는 일을 선택하는 데 있어 '일, 돈, 사람' 중 하나만 확실히 충족시키라는 것이다. 일이 재미없고 힘들지만 그 모든 것을 상쇄할 만큼 엄청난 돈을 받든지, 월급도 적고 업무량도 많지만 함께 일하는 사람들이 좋아 서로에게 힘이 되든지, 일을 하면서 얻는 깨달음이 커서 그 일을 통해 스스로 성장한다고 느끼든지, 셋 중 하나는 충족돼야 일을 지속할 수 있다는 뜻이다. 하지만 많은 후배들의 경우를 볼 때 돈만으로 일을 계속하기란 쉽지 않음을 알 수 있었다. 남과의 비교에 익숙한 우리나라 문화에서 대부분의 직장인들은 친구나 동료가 어떤 회사에서 어느 정도의 급료나 복지혜택을 받는가에 대해 민감하다. 따라서 급료나 일하는 환경이 최소 기대치를 넘어서지 않는다면 동기 저하의 상태에 빠지게 된다.

결국 일은 '재미'와 '의미'가 있어야 한다. 두 마리 토끼를 모두 잡기 어렵다면 적어도 하나는 꼭 확보해야 한다. 서울과학종합대학원 박정렬 교수는 재미와 의미가 둘 다 높은 그룹은 모범생 직원군群으로 둘 다 낮은 집단은 무기력한 불만족군이나 유능한 불만족군 또는 창의성 없는 소신파로 구분한다. 당신은 어느 쪽에 속하는가?

우리가 직업이라고 부르는 회사의 업무는 세 단계로 받아들여진다고 할 수 있다.[8] 첫째, 일^{job}하는 사람들이다. 정신적이든 육체적이든 노동한 대가만큼 보수를 받고 일하는 사람들이다. 소위 스스로를 월급쟁이라고 부르는 사람들이다. 둘째, 커리어^{career}를 추구하는 사람들이다. 보수를 받고 일하는 단계를 넘어 어느 분야에 대한 안목과 깊이를 갖춘 전문가로서 일하는 사람들이다. 셋째, 소명의식^{calling}을 가지고 일하는 사람들이다. 단순한 청소를 하더라도 '깨끗한 환경을 만들어 많은 사람들을 행복하게 만들어준다' 같은 자긍심을 갖고 일하는 사람들이다. 이런 사람들은 직업의 귀천을 따지는 것보다 그 일에 대한 의미를 중요시한다. 즉 자신의 일에 자부심을 느끼며 스스로 동기를 부여하는 사람들이다.

솔직히 원초적인 고충에 부닥칠 때마다 우리를 계속 일하게 하는 힘은 세상을 바꾸겠다는 식의 원대한 포부가 아닐지도 모른다. 때로 '먹고살려면 별수 있어'라는 자조적인 푸념이 더 큰 동력으로 작용할 수 있다는 사실을 부인하기는 힘들다. 밥벌이라는 본질은 아름답지 않다. 그것은 이성보다 본능의 영역에 가깝기 때문이다. 언젠가 소설가 김훈이 쓴『밥벌이의 지겨움』이란 책에서 이런 글귀를 읽고 고개를 끄덕인 적이 있다.9

"모든 밥에는 낚싯바늘이 들어 있다. 밥을 삼킬 때 우리는 낚싯바늘을 함께 삼킨다. 그래서 아가미가 꿰어져서 밥 쪽으로 끌려간다. 저쪽 물가에 낚싯대를 들고 앉아서 나를 건져올리는 자는 대체 누구인가. 그자가 바로 나다. 이러니 빼도 박도 못하고 오도 가도 못한다. 밥쪽으로 끌려가야만 또다시 밥을 벌 수가 있다."

살려면 먹어야 하고, 먹기 위해서는 돈이 필요하다. 그래서 우리는 일한다. 그렇기에 결국은 모두 먹고살기 위해 하는 짓이다. 하지만 밥벌이의 진정한 가치는 이후에 탄생한다. 먹고살기 위해 한 짓이 세상에 긍정적인 영향을 끼치는 무수한 상황이 발생하는 것이다. 누군가가 개발한 제품이 사람들의 생활을 보다 편리하게 만들기도 하고, 누군가가 만든 영화가 사람들의 마음에 온기를 불어넣기도 한다. 내 배를 채우기 위한 밥벌이, 돈벌이가 정신적이든 물질적이든 다른 사람들의 어떤 허기를 채울 때, 비로소 일은 하나의 완결성을 가지게 되는 것이다. 일에 의미가 부여되는 순간의 힘이다.

"당신이 못하는 것에는 손도 대지 마라"

혹시 '남의 지갑에서 돈 빼내는 일이 쉬운 일이 아니다'라는 비루한 변명을 내세우며 자존심을 팽개치고 일하는 자신을 합리화하고 있지는 않은가? 그러면서 정작 일한 만큼 대우받지 못한다며 뒤에서 불만을 늘어놓고 있지는 않은가? 일을 하는 주체는 '나'인데, 일의 동기나 중심, 평가를 모두 '남'에게 떠넘긴다면 이것은 구조 설계 자체가 불합리한 것은 아닐까?

자존심을 동력 삼아 움직이는 셀퍼에게 가장 큰 보상은 인센티브도 승진도 아니다. 바로 자기만족이다. 스스로 만족할 만한 결과를 거뒀는가, 열심히 노력했다고 진정 자신할 수 있는가를 평가의 기준으로 삼는다. 사실 자기만족은 그 어떤 것보다 엄정하고 매서운 잣대다. 타인에게는 약간의 포장으로 성과를 부풀리는 일이 가능하지만, 일의 시작부터 끝까지 모든 과정을 속속들이 알고 있는 자기 자신은 과장이나 포장이 통하지 않는 대상이기 때문이다. 중국 명나라의 유학자 여곤呂坤은 훗날 중국 관리들의 지침서로 자리 잡은 책 『신음어呻吟語』에서 "모두를 속여도 자기 자신과 하늘은 속일 수 없다"고 강조했다.

얼마 전 〈엘 불리El Bulli〉라는 다큐멘터리 영화를 봤다. 까다롭기로 정평이 난 레스토랑 평가서 『미슐랭 가이드Guide Michelin』에서 최고등급을 받고, 영국 음식 전문지 『레스토랑Restaurant』이 선정하는 '세계 최고 레스토랑'에 5회나 선정된 스페인 레스토랑 '엘 불리'를 다룬 다큐였다. 요리가 만들어지는 과정을 감상하는 재미도 쏠쏠했지만, 무엇보다 인상적인 동시에 충격적인 것은 수석 셰프인 페란 아드리아Ferran Adria의 존재였다.

페란 아드리아는 프랑스의 전설적 요리사 오귀스트 에스코피에Auguste Escoffier 이후 가장 영향력 있는 요리사로 꼽히는 인물이다. '요리계의 스티브 잡스'라는 별명에서 알 수 있듯 세계에서 가장 혁신적이고 열정적인 요리사로 알려져 있는데, 1990년대부터 시작한 분자요리molecular gastronomy의 창안자로도 유명하다. 분자요리란 음식의 조직과 질감을 과학적으로 분석해 눈에 보이는 것과 전혀 다른 맛을 내는 창의적인 조리법을 뜻한다. 아드리아가 가져온 파장은 엄청났다. 하지만 동시에 수많은 비난을 불러일으키기도 했다. 전통요리와 정면으로 맞서는 그의 요리를 몇몇 평론가들은 조롱의 대상으로까지 삼았다. 하지만 그는 아랑곳하지 않았다. 그는 평론가를 만족시키려는 것이 아니라 고객을 만족시키려 요리하고, 오직 고객만족만이 자기만족으로 이어지기 때문이다.

엘 불리는 매년 다음 시즌을 위한 신메뉴 개발을 위해 6개월 동안 영업을 중단하고 요리 연구에 몰두한다. 돈으로 혹은 명예로 일하

054
셀프 파워

는 식당이라면 절대 불가능한 운영방식. 엘 불리는 자기만족을 위해 일하는 사람들로 뭉친 식당인 것이다. 2011년 7월 30일을 마지막으로 휴업에 들어간 이 식당은 3년간의 연구를 통한 더 혁신적인 요리를 갖고 2014년 재오픈을 준비중이다.

페란 아드리아는 요리의 창의성에 대해 다양한 말을 남겼는데 그 중 몇 가지를 옮겨본다.

> 창의성은 바라는 것이 아니라 발견하는 것이다.
> 창의성은 매일 새롭게 마음을 고쳐먹는 것이다.
> 진정으로 창의적인 요리는 새로울 뿐 아니라 재미있어야 한다.

자존심에서부터 자기만족까지 이어지는 과정의 필요충분조건, 그것은 자신감이다. 스위스의 FM 어쿠스틱스FM Acoustics는 프리미엄 오디오 시스템을 만드는 회사다. 디지털의 첨단을 걷는 오늘날 앰프와 스피커를 모두 수제품으로만 제작하는 '별종'이기도 하다. "한번 그 소리를 들은 사람은 포로가 돼버린다"란 말이 나올 정도로 우수한 품질로 첼리스트 요요마Yo-Yo Ma, 피아노의 거장 아르투로 미켈란젤리Arturo Michelangeli 등 수많은 아티스트들의 선택을 받았다. 직원은 열댓 명에 불과하지만, 1973년 창업 후 3년을 제외하고는 계속 흑자를 내고 있으며 2012년 매출은 150억 원에 달했다. 이 회사의 창립자인 마누엘 후버Manuel Huber 사장은 한 언론과의 인터뷰에서 자신의 경영철학을 다음과 같이 설명했다.

"디지털은 모든 것을 평균으로 만듭니다. 우리 회사는 음질에서 최고인 제품을 만들기를 원합니다. 그것은 공연장에서 들은 음질대로 최대한 똑같이 구현하는 일입니다. 이런 완벽이 가능하려면, 100퍼센트 당신이 가장 잘하는 것만 해야 합니다. 자신이 못하는 것에는 절대 손대면 안 됩니다."

그렇다. 자신감은 자존심의 밑바탕이다. 이렇게 하는 것이 맞고 옳으니 고수하겠다는 고집은 스스로의 능력과 판단에 대한 자신감이 있을 때만 가능하다. '무조건 자신이 잘하는 것을 해야 한다'는 마누엘 후버의 조언은 그래서 크게 다가온다. 잘하는 것을 해야 자신감을 갖고 임할 수 있고 자존심을 지킬 수 있으며 결국에 자기만족을 얻을 수 있는 법이다.

페르디난트 피에히Ferdinand Piech는 아우디Audi 사장, 폭스바겐Volkswagen 회장을 거쳐 현재 폭스바겐 이사회 의장을 맡고 있는 '자동차 맨'이다. 독일 자동차의 아이콘 중 하나인 폭스바겐 비틀을 설계한 페르디난트 포르셰Ferdinand Porsche의 외손자인 피헤이는 어려서부터 자동차와 떼려야 뗄 수 없는 환경에서 자랐다. 당연히 자동차에 대한 지식과 경험이 남들보다 월등히 풍부했고, 그만큼 그 분야에서 가공할 실력을 자랑했다. 자신이 가장 잘할 수 있는 일을 택한 것, 그것이 피헤이의 성공법인 셈이다.

셀퍼들은 모든 일을 완벽히 처리하는 전지전능한 존재가 아니다. 오히려 자신이 모르거나 관심 없는 일에는 젬병인 경우가 많다. 다만

056
셀프 파워

자신의 영역에서는 누구도 따라잡을 수 없는 탁월함을 자랑한다. 못하는 것을 잘하려고 노력할 시간에 잘하는 것을 더 잘하려고 노력하기 때문이다.

어떻게 일에서 자존심을 지키고, 만족을 끌어낼 것인가

일하는 데 있어 자존심으로 시작해 자기만족으로 끝내는 것, 물론 쉽지 않은 일이다. 하지만 어려울 뿐, 불가능한 일은 아니다. 셀퍼들은 몇 가지 방법을 통해 자존심을 지키고 결국 자기만족을 얻어낸다.

첫째, 못하는 것을 못한다고 인정할 줄 아는 용기가 필요하다.

밴드 '부활'의 리더 김태원은 '백두산'의 김도균, '시나위'의 신대철과 함께 한국 3대 기타리스트로 꼽힌다. 그만큼 절정의 연주 실력을 자랑하는 그의 비결은 못하는 것을 포기하고 잘하는 것에만 매달린 집요한 노력이다. 김태원은 〈사랑할수록〉 〈Never Ending Story〉 등 대중의 많은 사랑을 받은 가요를 작사·작곡하기도 했는데, 안타깝게도 가창력만은 갖추지 못했다고 한다. 그가 한 언론사와의 인터뷰에서 들려준 이야기다.[10]

"목표는 단순했습니다. 작사·작곡에 능숙한 밴드 리더가 되자. 콤플렉스가 많아서 노래할 자신은 없었습니다."

"하나만 파고들면 무조건 도가 틉니다. 저는 그걸 믿습니다."

그는 못하는 것을 못한다고 인정했고 대신 잘하는 것을 파고들었다. 그것이 그가 3대 기타리스트의 반열에 오를 수 있었던 비결이자 수많은 명곡을 만들 수 있었던 힘이다.

흔히 직장에서 자신의 능력으로는 감당하기 힘든 업무가 맡겨졌을 때, 그것을 처리할 수 없다고 답하는 것을 자존심 상하는 일이자 무능력을 드러내는 일이라고 생각하곤 한다. 하지만 그 반대다. 할 수 없는 일을 맡아놓고 제대로 성과를 내지 못하면 그것이야말로 자존심이 다치는 일이며 무능력을 입증하는 일이다. 진정 자존심을 지키는 길은 못하는 것에 괜한 힘을 쏟기보다 잘할 수 있는 것을 제대로 잘해내서 주변의 인정과 자기만족을 끌어내는 것이다.

둘째, 자신을 내부 감시자로 활용할 줄 알아야 한다.

앞서 말했듯 자기 자신은 가장 까다로운 상대다. 나는 내가 어떤 일을, 어떻게, 얼마의 노력을 들여 진행했는지 가장 잘 알고 있기 때문이다. 그렇기에 일하는 내내 자신을 '내부 감시자'로 활용해야 한다. 나태해지려고 할 때마다 나중에 이 일이 제대로 되지 않았을 때, 스스로 얼마나 부끄러울지를 상기시켜야 한다. 좋은 성과를 올리더라도 그 성과에 부끄럽지 않을 수 있도록, 그것이 우연히 찾아온 행운이 아니라 땀과 노력으로 일궈낸 결과임을 당당히 밝힐 수 있도록, 주저앉으려는 자신을 독려할 사람은 자기 자신뿐이다. 그렇게 일의 모든 과정에 최선을 다한 사람은 설사 누가 인정해주지 않더라도 스스로 자신을 인정하고 만족을 얻을 수 있다.

'내가 하는 일'을
믿고 따른다는 것

타타대우상용차 사장으로 근무하던 시절, 사무실 화장실을 사용할 때마다 궁금한 점이 한 가지 있었다. 늘 청결하고 깨끗한 상태야 당연한 것일지 모르지만, 세면대 위에 작은 화병이 놓여 있고 매일 싱싱하고 예쁜 꽃이 새로 꽂혀 있었다. 어느 날 복도에서 화장실을 청소하는 직원과 마주친 김에 물어봤다. 박여사님이라고 불렸던 50대의 여직원이었다.

"여사님, 매일 화장실에 꽃이 꽂혀 있더라고요. 여사님이 꽂아놓으시는 건가요?"

"네, 사장님. 아침마다 새로운 꽃을 구해서 꽂아두고 있어요."

"매일 꽃을 바꾸려면 번거로우실 텐데요?"

"귀찮긴요. 꽃으로 화장실이 더 화사해지면 직원들 기분이 좋으니까 제 기분도 좋아요. 사실 어떻게 보면 화장실은 휴식공간이잖아요. 사무실에서 정신없이 일하다가 잠시나마 일에서 벗어날 수 있는 시간이고요. 저는 짧은 휴식이나마 좀더 기분좋게 보내고 갔으면 하는 바람입니다. 다른 직원들은 그렇게 생각 안 할지 모르겠지만, 저는 화장실을 청소하는 사람이 아니라 직원들에게 산뜻한 휴식을 선물하는 사람이라고 생각하고 있어요. 주책인가요? 호호."

자기 일의 가치는 누구도 아닌 자신이 만든다. 남들의 눈엔 화장실 청소가 허드렛일일지 몰라도, 그녀는 직원들이 잠시라도 몸과 마음의 긴장을 풀 수 있도록 기분좋은 시공간을 제공해야 한다는 사명감을 갖고 있었다. 단언컨대 그녀는 내가 만난 최고의 셀퍼 중 한 사람이다. 자신의 일을 존중하고 존경하며, 상사(심지어 사장인 나를 포함해) 대신 일을 '떠받드는' 사람이었기 때문이다. 그녀는 매일 깔끔한 옷차림으로 출근해 작업복으로 갈아입고 일에 임했는데, 일에 대한 자부심이 얼마나 큰지 옷차림에서부터 알 수 있었다.

갤럽Gallup에서 155개국을 대상으로 '행복하기 위해서는 무엇이 가장 중요한가'를 조사한 설문결과는 무척 흥미롭다. 놀랍게도 사람들이 가장 중요시하는 것은 돈도 아니고 건강도 아니었다. 사랑, 자유, 평화도 아니었다. 바로 '좋은 일'이었다. 심리학자 프로이트가 사람다움의 가장 중요한 두 가지 기반은 사랑과 일이라고 했듯, 일은 우리 삶에서 가장 의미 있는 영역을 차지한다. 문제는 이토록 중요한 일을 돈을 벌기 위한 수단이자 도구로만 인식하는 경우가 대부분이라는 것이다.

"로또만 당첨돼봐라, 이놈의 회사 당장 때려치운다" "더럽고 치사해서, 내가 사표 쓰고 만다" 같은 이야기를 한 번쯤은 해본 적이 있을 것이다. 일은 뜻대로 풀리지 않고 상사의 과도한 지시와 압박에 치이다보면 절로 흘러나오는 한탄들이다.

하지만 셀퍼들은 설사 어떤 경우에라도 자신의 일을 '홀대'하지 않는다. 사람들이 멘토의 조언에 귀기울이고 그의 가르침을 실행에 옮기고자 노력하듯, 일을 통해 배우는 가르침을 깊이 새기고 그것을 실천하고자 힘을 쏟는다. 자신의 일에 대한 존중에서 자존심을 지키고 자기만족을 끌어내는 것, 이것이 셀퍼들의 자세다.

'최배달'이라는 이름으로 잘 알려진 최영의는 수많은 고수와 대결했지만 한 번도 패배하지 않은 전설로 유명하다. 이전까지 건달들의 기술에 불과했던 무술을 도예의 경지로 끌어올린 인물이기도 하다. 그가 창시한 극진 가라테는 오늘날 전 세계 수천만여 명이 수련하는 국제무술로 자리잡았다. 생전 그는 아들에게 늘 이런 말을 강조했다고 한다.[11]

"세상을 살 때 가장 중요한 것은 목숨을 거는 거다. 네가 하고자 하는 일에 너를 바쳐라."

자신이 하는 일을 존중하고, 자신이 하는 일을 신뢰하며, 자신이 하는 일에 자신을 바치는 사람, 일과 '자웅동체'의 삶을 사는 사람을 이길 수 있는 사람은 많지 않다. 이것이 셀퍼의 막강한 경쟁력이다.

워크 라이프 밸런스 대신
워크 라이프 하모니를
추구한다

디자인회사 기획실에 근무하는 구팀장은 야근을 밥 먹듯이 하고, 특근을 물 마시듯 한다. 결혼 7년차인 그녀는 심지어 시부모님을 모시고 사는 중이다. 그런데도 평균 퇴근시간이 밤 10시고 주말에는 어김없이 회사로 향한다. 클라이언트의 일정에 맞춰야 하는 디자인회사의 업무특성을 감안한다고 하더라도, 그녀는 '심한 워커홀릭'이다. 한번은 그토록 열심히 일하는 이유가 무엇인지 궁금해 물었다.

"구팀장, 일을 열심히 하는 건 정말 보기 좋은데, 좀 심한 거 아니에요? 자기 시간이 너무 없는 거 아닌가?"

"네? 근데 일하는 시간도 제 시간인데요?"

그야말로 우문현답이었다. 머리를 한 대 세게 얻어맞은 기분이 들었다. 분명 그녀처럼 뜨거웠던 시간들이 있었건만, 어느새 그 시절의 열정이 잠들어 있었던 것은 아닌가 하는 반성도 들었다. 구팀장의 답변이 이어졌다.

　"좀 거창해서 말씀드리기 민망하긴 한데, 저는 비즈니스맨으로 성장한다는 건 인간으로 성장하는 일이라고 믿어요. 일은 삶의 압축판이니까요. 제게 일과 삶은 다르지 않아요. 일이 삶의 전부가 될 수는 없겠지만, 일은 분명 삶의 일부니까요."

　언젠가부터 워크 라이프 밸런스라는 말이 유행하고 있다. 일과 삶의 균형 정도로 해석되는 이 단어는, 야근과 과로 등 과중한 업무부담이 오히려 생산성을 떨어뜨린다는 지적과 함께 많은 기업과 직장인의 화두로 떠올랐다.

　"일이 많아서 야근이 좀 늘면 어김없이 '워크 라이프 밸런스가 무너지고 있다'는 말이 나와요. 워크 라이프 밸런스가 무슨 벼슬인 것 같다니까요."

　"워크 라이프 밸런스가 그렇게 중요하면, 워크 퍼포먼스 밸런스는 왜 신경 안 쓴답니까? 일만큼 삶이 중요한 거야 당연한 말이지만, 일만큼 중요한 성과는 안 챙기니 답답합니다."

　언젠가 중소기업 경영자들과 가진 조찬모임에서 몇몇 경영자들이 푸념처럼 늘어놓은 이야기다. 그야말로 워크 라이프 밸런스에 대한 성토대회라도 열린 것 같았다. 구성원들의 개인생활에 대한 존중이 부족한 것은 분명 문제지만 워크 라이프 밸런스에 대한 잘못된 인식도 문제는 있다. 란제리 제조업체 트라이엄프 인터내셔널 재팬Triumph

International Japan의 대표이사를 역임한 컨설턴트 요시코시 고이치로吉越浩一郎는 일의 효율성을 향상시키는 업무방식을 정리한 자신의 저서에서 워크 라이프 밸런스에 얽힌 오해에 대해 일갈한다.[12]

"일은 분명 인생의 일부다. 사람이 태어나서 죽을 때까지 하는 일은 모두 그 사람 인생의 일부가 된다. 하지만 '워크 라이프 밸런스'에서 '라이프'가 인생 전반을 뜻하는 것이라고 착각해서는 안 된다. 여기서 말하는 '라이프'는 '인생'이 아니라 '사생활'로 해석해야 한다. 그런데 이것을 정확하게 이해하고 있는 사람은 많지 않다."

여기에 더해 화장품회사 시세이도Shiseido의 부사장을 지낸 고무로 요시에小室淑惠는 "일과 사생활은 대립하는 것이 아니라 오히려 둘 중 어느 하나를 포기하지 않음으로써 둘 다 잘되는 상승효과가 생겨난다"며 "워크 라이프 밸런스라는 용어보다 워크 라이프 하모니라는 표현이 더 적합하다"고 주장한다.[13]

그렇다. 셀퍼들이 추구하는 것은 워크 라이프 밸런스가 아니다. 워크 라이프 하모니다. 그들은 일과 삶을 하나로 인식하며, 어떻게 이 둘을 더 조화롭게 가꿀 것인지를 고민한다.

답은 '안'에도 있고 '밖'에도 있다

웨스트민스터 대학에서 정보기술을 가르치는 교수이자 철학서의 저자라는 특이한 이력의 마이클 폴리Michael Foley는 오늘날을 '일이 곧 삶인 시대'라고 규정한다.14

"과거에는 사람들이 살기 위해 일했다. 지금은 일이 곧 삶이다. 쇼핑과 여행과 소통이 그렇듯, 수단이 목적이 되어버렸다. 당신 직업은 당신의 정체성이자 지위이고 삶이다. 진짜 삶을 지원해주는, 어쩔 수 없이 해야 하는 지루한 일이라는 개념은 오래전에 사라졌다."

셀퍼들은 일과 삶을 분리하지 않는다. 자신의 사생활은 제쳐두고 일에만 빠져드는 워커홀릭과는 다르다. 일과 삶의 조화를 지향한다는 것은, 일을 하면서도 삶을 풍요롭게 영위하고 일상의 과정에서도 일에 대한 힌트를 얻는다는 의미다. 일과 삶의 스위치를 동시에 켜놓고 있는 사람들은 그때그때 자신에게 찾아온 생각과 깨달음을 적재적소에 배치해서 효율성을 높인다. 예컨대 이런 것이다.

미국 경영지 『패스트 컴퍼니Fast Company』는 '2013년 50대 글로벌 혁신기업'을 선정하면서 1위에 나이키를 올렸다.15 양말을 신은 것처럼 가벼운 러닝화 '플라이니트 레이서Flyknit Racer'와 하루 동안의 활동량을 측정하는 팔찌 '퓨얼 밴드Fuel Band'의 성공에 높은 점수를 준 것이다. 이 두 가지 획기적인 상품은 모두 나이키의 R&D센터인 이노베이션 키친Innovation kitchen에서 탄생했다. 이노베이션 키친은 일이 아닌 삶, 회사 안이 아닌 밖에서 가져온 엉뚱한 상상들을 혁신적인 제품으로 실현시키는 곳으로 유명하다. 나이키의 설립자 빌 보어먼Bill Bowerman이 운동화의 기능 향상을 고민하다가 우연히 아침에 아내가 와플을 굽는 것을 보고 와플 모양의 밑창을 만들었던 일화는 이곳에서 전설처럼 전해내려온다.

만약 보어먼이 일과 삶을 별개로 인식했다면 어땠을까. '퇴근했으니 하루종일 나를 괴롭힌 일 따윈 철저히 잊어주겠어. 지금은 내 개인 시간이니까'라고 생각했다면, 오늘의 나이키를 만든 운동화는 존재하지 않았을지도 모른다. 아내가 구워준 와플을 본 그는 아마도 이렇게 반응하지 않았을까.

'맛있겠군. 역시 피로를 푸는 데는 달콤한 음식이 최고야.'

『뉴스위크』가 선정한 '인터넷상에서 가장 중요한 인물 50인'에 오른 과학저술 작가 스티븐 존슨Steven Johnson은 탁월한 아이디어를 얻기 위한 방법 중 하나로 '뜻밖의 발견'을 추천한다.[16] 산책, 취침 등 일상의 영역에 찾아오는 우연한 깨달음이 새롭고 혁신적인 아이디어로 진화할 수 있다는 주장이다. 이 역시 워크 라이프 하모니의 연장선상에서 해석할 수 있다. 회사 안과 밖의 시간을 구분하는 이분법적 사고에서 벗어나 안팎 어디에서든 일과 삶을 동시에 추구하는 사람만이, 일에서 삶을 더 잘 꾸려가는 방법을 배우고 삶에서 일을 발전시킬 아이디어를 얻는 법이다.

영국의 역사학자 아놀드 토인비Arnold J. Toynbee는 "노는 것인지 일하는 것인지 모르는 경지에 도달하였다면 당신은 대단히 성공한 사람일 것"이라고 했다. 보통 사람들은 일할 때 일하고 놀 때 놀아야 한다고 생각한다. 워크 라이프 밸런스다. 탁월한 사람들은 노는 것과 일하는 것의 경계가 모호하다. 워크 라이프 하모니다.

행복은 '나와 너'가 아닌 '일과 삶'의 중간에 있다

아리스토텔레스는 사람에게 주어진 역량을 최대한 계발하고 발휘하면서 살아가는 것이 진정 행복한 삶, 즉 최선의 삶이 된다고 했다. 독일 철학자 에리히 프롬Erich Fromm은 인간의 행복이나 성장을 바라는 인도주의적 윤리를 실천할 때에 행복할 수 있다고 설파했다.

　행복에 대한 정의는 더 있다. 행복학의 권위자인 숀 아처Shawn Achor 하버드 대학교 교수는 행복이란 사람의 잠재력을 높여가는 즐거움이라고 정의한다. 긍정심리학의 창시자 마틴 셀리그먼Martin Saligman 교수는 행복에는 세 가지 요소가 있다고 설명한다. 즐거움, 몰입 그리고 목적의식이 그것이다. 심리학자인 바버라 프리드릭슨Barbara Fredrickson 노스캐롤라이나 대학교 교수는 행복은 긍정적 마인드에서 비롯되며 긍정적인 마인드는 '즐거움, 감사, 평정심, 흥미, 희망, 자긍심, 유희성, 고무됨, 경탄, 사랑' 등의 감정으로 구성돼 있다고 말한다.

　수많은 문장들이 행복이란 한 단어를 설명하는 데 쓰이고 있다니 놀랍지 않은가. 표현도 의미도 다양하지만 결국 몇 가지 키워드로 압축할 수 있다. '자기' '일' '삶'이 그것이다. 미하이 칙센트미하이 박사는 행복은 외부적인 요소가 줄 수 없는, 사람의 내적인 심리상태라고 말한다. 사람들은 스스로가 컨트롤할 수 없는 상황이라는 생각이 들면 무기력이나 무관심으로 반응한다. 반대로 자신이 컨트롤할 수 있는 상황과 조건에 대해서는 자신감을 갖고 더 적극적으로 임하며 결국 행복을 느끼게 된다고 한다.

　일과 삶의 경계가 모호한 사람은 나와 타인의 경계도 불분명하다. 달리 표현하자면 타인에 의해 받는 자극이 크지 않고 타인과의 비교에 영향을 받지 않는다고 할 수 있다. 우리 사회가 삶의 수준이나 소득에 비해 행복도가 떨어지는 이유 중 하나는 이웃이나 동료와의 비교의식에서 비롯된다. 이웃, 동료와 느끼는 집단적 동질감과 안도감은 부와 명성의 차이가 벌어지면서 이질감과 열등감으로 전이되기 때문이다. 상대적인 삶에서는 나의 행복이 남과의 비교로 결정되기 때문에 주도적인 생각과 행동이 힘들다. 그러다보니 상대적인 삶에서 행복을 얻기란 불가능하다. 나보다 뛰어난 사람은 주변에 항상 존재하기 때문이다.

행복은 나와 너의 비교로는 결코 얻을 수 없다. 일과 삶의 중간, 즉 일에서 보람을 느끼고 그 보람을 삶으로 이어갈 때, 삶에서 얻은 영감을 일에 적용시켜 성공을 거둘 때, 그렇게 삶의 다양한 부분이 대립되지 않고 조화를 이룰 때, 그럴 때 행복은 제 발로 찾아오는 법이다.

'어제'도 '내일'도 아닌 '오늘'을 산다

워크 라이프 하모니를 이루기 위해 중요한 또 한 가지는 오늘에 대한 집중이다. 일과 삶을 분리하지 않고 지금 내게 가장 중요하고 의미 있는 것에 집중하듯, 오늘과 내일을 분리하지 않고 지금 이 순간에 충실한 삶의 자세가 요구된다.

업무 컨설턴트 오오하시 에쓰오大橋悦夫는 "인생은 '하루들의 집합'"이라고 강조한다.[17] 그는 "하루를 장악하지 못하면 인생이 날아간다"며 "무엇이든 매일 하면 위대해질 수 있다"고 주장한다. 그 역시 '오늘'의 중요성을 인지하고 있는 것이다.

1991년 커민스는 당시 엔진기술 제휴처였던 쌍용중공업, 현대, 삼성중장비 등의 고객을 효과적으로 지원하기 위해 한국에 현지법인을 설립하기로 결정했다. 나는 초대사장으로 부임하면서 법인을 총괄하게 됐다.

그해 7월 커민스코리아가 출범하기까지 사무실조차 없는 상황에서 오직 나를 믿고 합류한 직원들이 있었다. 90년대는 경기 호황으로 서울에서 좋은 입지의 사무실을 구하기가 하늘의 별 따기인 시절이었다. 우리는 미국에서 출장을 오면 머물렀던 호텔 객실을 임시 사무실로 정한 뒤 매일 아침 방에서 만나 회의를 진행하고 업무를 처리했다. 그야말로 무에서 유를 창출해나가는 과정이었다. 사무실도 사무실이지만 어떤 시스템도 갖춰져 있지 않은 상태에서 각자가 처리해야 할 일들을 스스로 계획하고 수행했다. 출근시간은 있었지만 퇴근시간은 없었다. 계획한 그날의 일이 마무리되는 시간이 퇴근시간이었다. 어떤 날은 아침 9시에 출근해 다음날 아침 9시에 퇴근한 날도 있다. 그런 날은 집으로 가는 대신 객실 소파에서 잠시 눈을 붙이고 다시 출근해 바로 일을 시작했다. 끓어오르는 패기와 도전정신이 넘치던 시기였기에 가능했던 일이었다.

070
셀프 파워

직접 사무실을 구하러 다니고 손수 사무실 집기를 구입하고 차근차근 운영 시스템을 만들어갔다. 모든 일을 함께 상의하고 같이 추진했으니 팀워크가 공고히 다져진 것은 당연한 일이었다. 서로의 장단점까지 속속들이 알게 되면서 어떤 식으로 서로의 의견을 조율하고 협력할지가 명쾌해졌다. '따로 또 같이'의 위력을 실감한 순간이기도 했다. 혼자서라도 어떻게든 해결할 수 있었겠지만, 혼자였다면 굉장히 길고 험난했을 그 길을 여럿이 함께하니 순조롭게 걸을 수 있었다. 한 사람은 길에 놓인 장애물을 치우고 한 사람은 차를 운전하고 한 사람은 지도를 보며 목적지를 알려주는 과정이었다. 각자의 역할에 최선을 다하는 일이 공동의 목표를 이루는 길이었다.

하지만 무엇보다 그때 우리를 이끌었던 힘은 바로 '오늘'이었다. 이전까지 어떤 환경에서 일하고 어떤 대접을 받았으며 어떤 능력을 발휘했는지, 즉 '어제'는 중요하지 않았다. 법인이 출범하면 무엇을 누릴 것인지, 지금까지의 고생을 어떻게 보상받을 것인지, 즉 '내일'도 고려치 않았다. 우리는 오직 '오늘'에만 집중했다. 지금 눈앞에 있는 현안들을 어떻게 효율적으로 처리할 것인지, 당장의 일들을 가장 잘 해결할 수 있는 방법은 무엇인지만 고민했다. 그렇게 노력하고 고민하고 힘쓴 오늘들이 모였기에, 법인의 성공적인 출범이라는 더 나은 내일을 만들 수 있었던 것이다. 오늘의 노력 없이 내일의 결실은 없으며, 오늘의 만족 없이 내일의 만족은 없다는 사실을 배운 시간이었다.

지금 바로 이 순간,
할 수 있을 때 하고 싶은 일을 한다.

젊은 한국작가의 소설『브라더 케빈』은 안정된 미래를 얻기 위해 오늘을 살지 못하는 아이들의 모습을 특목고 입시학원 풍경을 통해 그려낸다. 교육열이라는 이름으로 포장된 경쟁사회, 성공한 미래를 위해서라면 오늘 따위는 방치하고 희생해도 된다는 폭력적인 분위기에 억눌린 학생들을 이야기하는 이 소설은, 비단 학생뿐 아니라 직장인에게도 시사하는 바가 크다. 더 큰 집, 더 높은 연봉, 더 나은 대접을 꿈꾸며 비루한 오늘을 견디는 것은 청소년도 어른도 다르지 않으니 말이다. 소설에서 주인공의 영어 보충수업 교사로 등장하는 '케빈'은 반복해서 말한다.[18]

"사람은 씨팔…… 누구든지 오늘을 사는 거야."

그렇다. 누구나 오늘을 산다. 타임슬립을 하지 않는 이상, 누구도 어제나 내일을 살지 못한다. 누구나 오늘을 살지만 셀퍼들은 '제대로' 오늘을 산다는 점에서 다르다.

유명 요리사이자 푸드 활동가로 알려진 제이미 올리버Jamie Oliver. 그는 세계 50여 개국에서 방영된 프로그램을 통해 '자연의 맛을 살리는 요리법을 소개하면서 명성을 쌓았다. 그의 요리책은 전 세계에서 2000만 부 넘게 팔리는 대성공을 거뒀는데, 2003년에는 요리를 통해 영국의 품격을 높인 공로를 인정받아 대영제국훈장을 받았다. 그의 성공비결은 간단하다. 매일 요리만 생각하고 요리만 했다. 『태도의 차이』라는 책에 수록된 인터뷰에서 올리버는 요리에 미친 삶을 고백한다.[19]

"어릴 적부터 음식이 너무 좋았어요. 잠자리에 들 때 아침식사가 기다려졌고 아침을 먹고 나면 점심이, 오후에는 저녁이 기다려졌을 정도니까. 난 정말이지 요리를 사랑했고 요리할 때 살아 있다는 걸 느꼈죠. 살기 위해 먹은 게 아니라 먹기 위해 살았다고 할까."

그는 요리사라는 내일의 꿈을 위해 요리한 것이 아니었다. 그저 지금 이 순간 요리하는 것이 즐겁고 행복해서 요리했을 뿐이다. 오늘의 즐거움을 위해 요리에 매진하다보니 어느새 세계에서 가장 유명한 요리사라는 내일이 찾아온 것이다. 오스트리아의 심리학자 빅터 프랭클Victor Frankl은 저서 『삶의 의미를 찾아서The Will to Meaning』에서 "행복을 얻기 위한 목적으로 일하는 사람들은 오히려 행복할 수 없다"고 강조했다.[20] 행복을 얻기 위해 일한다는 것은 지금 당장의 행복은 고려하지 않는다는 의미다. 바꿔 말하면 오늘이 행복하지 않다면 내일도 행복할 수 없는 것이다. 언젠가 유명인의 명언을 모아놓은 책을 보다가 한 문장에서 무릎을 친 적이 있다.

오늘 그것을 할 수 없다면, 대체 무슨 근거로 내일 그것을 할 수 있다고 생각하는가?

― 유서프 타라Yusuf Tara

이것이 셀퍼들이 오직 오늘을 중시하는 '오늘지상주의자'인 이유다. 내일도 그것을 할 수 있을지, 오늘 못해도 내일은 가능할지를 장담할 수 있는 사람은 없다. 그러니 지금 바로 이 순간, 할 수 있을 때 하고 싶은 일을 열심히 하는 것이다.

상사에게 질책을 들은 직장인이 가장 자주 내놓는 답변은 "앞으로 이런 일이 없도록 하겠습니다" "앞으로는 문제가 없도록 최선을 다하겠습니다"이다. 성적이 떨어진 학생 역시 다짐한다. '다음부터는 잘해야지.' 하지만 이미 엎질러진 물은 주워담을 수 없고, 벌어진 실수는 수습은 할 수 있어도 돌이킬 수는 없다. 멋진 내일, 성공적인 미래를 만드는 유일한 방법은 오늘에 최선을 다하는 것뿐이다.

오늘의 집중이 내일의 성과를 꽃피우는, 파종의 법칙

개인에게 오늘을 사는 태도가 필요하듯, 조직에도 오늘의 중요성에 대한 인식이 요구된다. 특히 직장인들이 오늘에 충실하고 오늘을 만끽하려면, 이를 가능케 하는 분위기가 형성돼야 할 것이다. 전략 경영의 대가인 게리 해멀Gary Hamel 런던 비즈니스 스쿨 교수는 직원들의 몰입도는 기업의 상대적인 경쟁력이라고 강조했다. 『비즈니스위크』는 미국의 대표적 전자용품 유통기업 베스트바이Best Buy에서 직원들의 몰입도가 2퍼센트 증가할 때마다 직원 1인당 매출이 약 10만 달러가 올라갔다는 연구결과를 보도했다.

조직원의 몰입도를 높이기 위한 방법은 과연 무엇일까. 2012년 컨설팅업체 타워스왓슨Towers Watson의 통계결과에서 그 해법의 실마리를 찾을 수 있다. 우리나라 직장인들은 약 55퍼센트 정도가 안정된 환경과 높은 급여를 좋은 직장의 기준으로 꼽았다. 경력 계발이나 업무능력 향상 기회 등의 미래 지향적인 '가능성'보다는 현실적인 '안정성'을 중요시한다는 태도를 보이고 있는 것이다. 이는 우리 사회가 더이상 미래에 큰 기대를 하지 않는 저성장사회에 들어섰음을 입증한다. 반면 고성장국가의 비즈니스는 사업적 성장의 기회를 만들거나 성장을 뒷받침하기 위해 조직적 팽창을 할 수밖에 없다. 조직의 팽창은 직원들에게 짧은 시간 안에 승진의 기회를 제공하며 직원들은 새롭고 넓은 책임을 맡으면서 높은 급료와 다양한 복지혜택을 받는다. 그리고 조직 내에서의 존재감과 능력을 인정받으면서 만족감을 느끼게 된다.

즉 조직원의 몰입도를 높이기 위해서는 '안정감'과 '성장'이라는 두 가지 장치가 필요하다. 무엇보다 목표를 달성한 직원에게는 충분한 보상이 주어져야 한다. 보상에는 크게 세 가지 유형이 있다. 사업계획에 의거한 성과지표를 달성한 경우 지급되는 보상이 있고, 사기 진작과 격려를 목적으로 하는 보상, 그리고 과제의 성공적인 수행을 축하하기 위한 보상이 있다.

물론 보상 같은 외부 요인에 의해 좌우되는 것은 셀퍼들의 특징과 대치된다. 하지만 보통의 직장인들에게는 중요한 요소라는 것을 완전히 무시할 수는 없는 노릇이다. 기업에서 직원들이 몰입할 수 있는 환경을 조성하고 분위기를 마련하는 것은, 오늘의 집중을 내일의 성과로 꽃피우기 위한 토양을 마련하는 일인 동시에 미래의 셀퍼를 키워내는 씨를 뿌리는 파종播種이라고 할 수 있다.

잘하려고 애쓰지 않고
즐기려고 노력한다

즐겨 보는 TV 프로그램 중에 〈생활의 달인〉이 있다. 수십 년간 한 분야에만 종사하면서 부단한 열정과 노력으로 달인의 경지에 이른 사람들을 소개하는 방송이다. '김밥 빨리 말기의 달인' '라면 포장 오류 잡아내기의 달인' '무채 얇게 썰기의 달인' 등 등장하는 달인들의 면모도 다양하다. 그런데 각각의 분야에서 각기 다른 일을 하는 이들에게 한 가지 공통점이 있다. 스스로의 일을 즐기려고 노력한다는 것이다. '잘하려고'가 아니라 '즐기려고'다. 휴게소에서 매일 몇천 개의 라면을 끓이는 한 달인은 이렇게 말했다.

"재미있을 리 없죠. 하지만 이왕 하는 거 즐기면서 하자, 이왕 하는 거 프로가 되자, 이렇게 생각하며 즐겁게 일하려 합니다."

재미있지 않지만 재미있으려고 노력할 때, 일에 대한 의지가 생긴다. 컴퓨터 아티스트 스티븐 나흐마노비치Stephen Nachmanovitch가 "스스로라는 명사가 동사가 된다. 현실에서 이러한 창조의 순간은 일과 오락이 하나가 될 때 일어난다"라고 이야기했듯이 말이다.

'잘하려고'는 압박, '즐기려고'는 이완

난독증에 고교 중퇴자, 재무제표조차 제대로 읽지 못하는 관리자, 세계적인 경영 컨설팅그룹 액센츄어Accenture가 선정한 '50대 경영구루', 창조 경영의 아이콘, 사람들을 당혹케 하는 모험을 즐기는 괴짜, 환경문제에 앞장선 지구를 구할 영웅…… 이 모든 것이 단 한 사람의 이름 앞에 붙는 수식어라면 믿을 수 있겠는가.

도무지 종잡을 수 없는 행보를 걸어온 주인공은 리처드 브랜슨Richard Branson 버진그룹Virgin Group 회장이다. 브랜슨에 얽힌 에피소드는 수많은 경제경영서에서 수없이 이야기해왔지만, 또다시 그를 거론할 수밖에 없는 이유는 '즐김'에 있어 그를 따를 자가 없기 때문이다. 1967년 버진레코드의 성공을 시작으로 항공, 철도, 모바일서비스, 스포츠, 미디어, 금융, 건강, 환경, 자선사업에 이르기까지, 무수한 사업의 근원에는 오직 '즐거움' 단 하나만 자리하고 있었다. 어느새 그의 나이 64세. 이제는 은퇴해서 쉴 때도 되지 않았느냐는 주변 사람들의 우려에 그는 반문한다.

"그럼 이제부터 뭘 하고 놀란 말이오?"

재미는 브랜슨의 경영철학이자 그가 일하는 이유이고 그가 전개하는 비즈니스의 핵심이다. 그는 일하듯 놀고 놀듯 일하는 유형의 대표적인 인물이다. 브랜슨은 성공한 CEO답게 여러 권의 책을 펴냈는데 모든 책에서 한결같이 '재미의 중요성'을 강조한다.

"나는 그토록 많은 사람들이 왜 깨어 있는 모든 시간을 일하느라 소진하는지, 심지어 때로는 완전히 지쳐 쓰러질 때까지 일을 하는지 잘 이해가 되지 않는다. 재미는 원기를 회복시켜준다. 육체적으로나 정신적으로 활기와 생기를 불어넣어준다. 삶이란 웃고, 서로 사랑하고, 감사하는 방법을 터득하는 것 아니던가?"[21]

"나는 여행을 통해서 그전에는 상상도 못했던 일들을 하게 되었다. 자메이카 밴드와 계약했고, 항공사를 차리게 되었으며, 섬을 사들이게 되었다. 물론 어떤 일도 쉽지는 않았다. 하지만 아이디어가 목표가 되고 그 목표에 대해 긍정적인 견해를 가지고 즐기면 이루는 길이 있게 마련이다. 열심히 일하고 즐기는 것! 이것이야말로 인생의 전부가 아니겠는가."[22]

"자기가 하는 일을 좋아하는 사람은 너무나 바빠 체면을 차리거나 점잔을 뺄 시간이 없다. 내가 하는 일에 자신이 있다면 이미지가 어떨지 걱정할 필요가 없다. 그래서 나는 스스로를 너무 진지하게 생각하지 않는 것이 긍정적인 신호라고 믿는다."23

　지지자불여호지자知之者不如好之者, 호지자불여락지자好之者不如樂之者.
아는 사람은 좋아하는 사람을 이길 수 없고 좋아하는 사람은 즐기는
사람을 이길 수 없다. 기원전 인물인 공자의 가르침이 시간의 흐름에
도 퇴색되지 않고 지금까지 이어져오는 것은 그 말이 오랜 시간을 거
쳐 사실로 입증됐기 때문일 것이다.

　일을 '하지' 않고 '즐기는' 리처드 브랜슨이 세계적인 CEO가 된 이
유와 즐기는 자를 그 누구도 당해낼 수 없는 이유는 간단하다. 잘하려
고 하는 노력은 압박이지만, 즐기려고 하는 자세는 이완이기 때문이
다. '잘해야 한다'는 의무나 명령처럼 작용한다. 그것이 스스로 요구하
는 주문이어도 마찬가지다. 잘해야 한다고 생각하니 부담을 느끼고 경
직된다. 잘하지 못하면 자책하고 좌절에 빠진다. 하지만 '즐겨야 한다'
는 전혀 다른 카테고리다. 해결이 어려운 과제가 주어졌을 때를 가정
해보자. 이 과제를 성공적으로 수행해 인정을 받겠다고 생각하면 그때
부터 압박감이 밀려온다. 반면 복잡하게 뒤섞인 퍼즐을 맞춘다고 생
각하면? 재미있게 도전해볼 놀이가 된다. 팽팽했던 긴장감이 단번에
이완될 수 있는 것이다.

즐거움이 성과를 높인다? 사탕 한 알의 비밀
수많은 심리학자들은 실험과 연구를 통해 다음과 같은 결론을 내렸
다. 성공이 사람을 행복하게 만들어주는 것이 아니라 행복하다고 느

끼면 높은 성과를 내게 된다는 것이다. 한 연구결과에 의하면 행복한 심리상태의 영업사원들은 그렇지 않은 그룹보다 56퍼센트 정도 높은 판매율을 달성한다고 한다. 직원들의 행복도가 높은 직장의 성과는 약 30퍼센트 향상된다는 통계도 있다.

숀 아처 교수는 그의 저서 『행복의 특권Happiness Advantage』에서 긍정심리학의 예를 들어 행복과 성과의 등식관계를 설명한다.24 의사가 기분좋게 일하는 병원에서는 진단의 정확도가 20퍼센트 올라갔다는 실험결과가 보고됐다. 의사가 처음 진단을 잘못하면 그것이 오진일지라도 실수를 깨닫고 결과를 뒤집기는 어렵다. 환자의 입장에서는 의사가 처음 진단을 정확하게 내리는가 하는 문제가 때로 목숨이 걸린 중대사일 수 있는 것이다. 그런데 이 실험결과에 의하면 이런 중대한 진단을 달콤한 사탕 하나가 좌우할 수도 있다고 한다. 사탕을 먹은 의사 그룹이 다른 그룹에 비해 오진율이 낮았다는 것이다. 확대해 이야기하자면, 저명한 의사를 찾는 것만큼 의사들의 만족도가 높은 병원, 그리고 주치의가 긍정적이고 만족스러운 삶을 사는 사람이냐를 수소문하는 일이 더 중요할 수도 있다는 의미다.

노트르담 수녀학교의 20대 수녀 180명의 생을 추적한 실험결과도 흥미롭다. 연구팀은 그들에게 태어나서 20대인 당시까지의 삶에 대한 생각을 자서전으로 정리하게 했다. 50여 년이 흐르고 그들이 85세가 되었을 때, 연구팀은 20대에 기술했던 삶에 대한 만족도와 수명을 비교해봤다. 놀랍게도 20대 시절 행복하고 즐겁다고 썼던 그룹은 90퍼센트가 살아 있었던 반면, 불행하고 지루하다고 썼던 그룹은 34퍼센트만이 생존해 있었다.

　미국 자동차업계에서는 '월요일과 금요일에 조립된 차를 구입한 고객들은 다른 요일에 조립된 차를 구입한 고객보다 재수가 없다'라는 통설이 있다. 금요일엔 한 주의 생산량을 채우려고 서둘러 일을 하다 보니 불량률이 높다는 것이다. 또 월요일에는 작업자들이 주말의 후유증 때문에 일에 집중할 수 없어 불량률이 올라간다고 한다.

　즐거운 기분이 오진율을 낮추고 수명을 연장시킨다는 연구결과들은 모두 하나의 메시지를 가리킨다. 바로 잘하려고 애쓰는 것보다 일 자체를 즐기는 것이 훨씬 좋은 결과를 가져온다는 셀퍼들의 믿음이 그것이다.

전략적 접근은 즐기려고의 관점, 전술적 접근은 잘하려고의 관점

잘해야 한다는 압박에서 벗어나 즐기려는 여유를 갖는 노력은 조직에도 요구된다. 그간 기업에서 과제를 선정할 때 SMART^{Specific, Measurable, Attainable, Realistic, Timely}기법을 중요시했다. 이런 측정 중심적 경영방식은 경우에 따라 과감히 수정되거나 축소돼야 한다고 생각한다. 물론 설계, 생산 공정, 품질 관리, 재무 분석 등의 분야에서 구체적이고 분명한 데이터 분석은 반드시 필요하다. 하지만 데이터의 분석과 측정에만 집중하는 자세는 종종 문제를 일으킨다.

　타타대우상용차 사장 시절 신흥시장 진출을 전략적으로 추진했다. 특히 중국에 합작회사 설립을 통한 진출은 회사의 장기적인 성장을 위해 반드시 필요한 교두보였다. 문제는 타타그룹의 최고위중역 중

한 사람이었다. 그는 중국시장에 대해 회의적인 시각을 갖고 있었고, 미래시장의 움직임, 즉 시장규모나 가격, 경쟁력 등을 정확한 데이터로 보고 싶어했다. 성공이 가능하다는 확실한 근거가 필요하다는 입장이었다.

신흥시장 진출에는 전략적인 접근이 필요했다. 데이터의 분석, 이를 통한 성공의 확신 같은 전술적 접근으로 움직이기엔 모든 것이 불투명한 시장이었다. 진출에 대한 의지와 신시장을 개척한다는 모험심과 열정으로 시작해야 하는 일이었다. 전략적 접근이 전술적인 접근으로 바뀌게 될 때 전략적 목표는 상실되기 쉽다. 결국 전술적인 문제에 많은 시간을 끌다가 전략을 변경하거나 폐기하는 경우도 생긴다. 지나치게 데이터에 의존하거나 과도한 분석은 부족한 분석보다 못한 경우가 종종 있다. 잘해야 한다는 강박에서 비롯되는 과도한 분석은 단지 시간을 낭비할 뿐이다.

100점은 힘들지만, 105점은 재미있다

미국 퍼듀 대학원에서 박사과정을 밟고 있을 때의 일이다. 기말고사를 마치고 성적표를 받았는데 한 과목 시험지에 105점이라고 적혀 있었다. 잘못 기재된 점수가 아니었다. 담당교수는 답안이 훌륭하다는 판단에 보너스로 5점을 더 주었다고 했다. 최고점은 100점이라는 고정

관념이 한순간에 깨진 계기였고, 우리 스스로 한계를 정할 뿐 세상에 넘지 못할 한계는 없다는 깨달음을 얻은 기회였다. 105점이라니, 예상치 못한 점수가 준 즐거움에 그 과목에 더욱 매진했고 이후로도 좋은 성적을 거둘 수 있었다.

회사에 들어간 뒤에도 늘 100점을 깨고자 노력했다. 100점이라는 수치는 학생들에게는 꿈의 점수이지만 조직문화적인 관점에서 보면 무너뜨려야 할 벽이다. 최소 성과 달성을 유도하는 숫자의 벽에 생각과 행동이 길들여지면, 그 이상을 꿈꾸고 도모하기가 불가능하다. 우리는 전통적인 경쟁, 즉 제로섬zero-sum 게임에 익숙하다. 내가 승진하기 위해서는 동료가 탈락해야 한다는 방정식이다. 사내 정치office politics라는 용어가 만들어질 정도로 동료들끼리 암암리에 신경전을 벌이며 때로는 특정인을 모함해 궁지에 몰아넣는 상황도 제로섬의 폐해다. 앞서가는 기업은 제로섬을 모두가 이기는 게임, 승자도 패자도 없는 경쟁, 즉 포지티브 섬positive sum으로 바꾼다. 이 게임의 핵심은 경쟁의 상대를 타인이 아닌 자기 자신으로 인식하는 데 있다. 100미터 달리기 세계신기록 보유자가 자신의 기록을 갱신하기 위해 노력하는 것과 같은 이치다.

셀퍼들은 100점이 아닌 105점과 싸운다. 100점을 받기 위해 다른 사람과 경쟁하는 것이 아니라 어제의 100점보다 더 높은 105점을 받기 위해 자신을 갈고닦는다. 100점은 힘들지만 105점은 재미있다. 100점을 받는 일은 '달성'이지만 105점을 받는 일은 '도약'이기 때문이다.

084
셀프 파워

일본을 자주 찾은 사람이라면 한 번쯤 들어봤을 이름이 '와타미渡美'다. 일본에만 600여 개 체인점을 운영중이고 외국에도 50여 개의 프랜차이즈 지점을 개설한 일본의 대표적인 이자카야의 이름이다. 와타미 주식회사의 사장인 와타나베 미키渡邊美樹의 성과 이름을 따서 식당 이름을 지었는데, 와타미 주식회사는 현재 400여 개의 외식체인을 거느리고 있는 외식업계의 큰손이다.

와타나베 미키가 25세의 나이에 처음 창업했을 때, 스카이락Skylark이라는 일본 패밀리레스토랑 1위 업체가 1000여 개의 점포를 운영하며 시장을 독식하고 있는 상황이었다. 사업을 시작한 이상 선두기업을 앞지르자는 목표를 세운 와타나베는 치열한 경쟁을 벌였지만 결국 한 가지 사실을 깨닫는다. 제아무리 사력을 다해 라이벌을 뒤쫓아간다 해도, 그들을 턱밑까지 추격할지언정 추월할 수는 없다는 사실이 그것이다. 그래서 그는 게임의 룰을 바꿨다. 다른 기업이 아닌 자기 자신과 경쟁하는 판으로 전장을 옮긴 것이다. 어느 인터뷰에서 경쟁자를 묻는 기자의 질문에 그는 이렇게 답했다.25

"와타미의 라이벌은 어느 회사입니까?"

"어제의 와타미입니다."

연간 매출액 1조 2000억 원의 기업을 만든 힘, 그것은 자신과의 경쟁이었던 셈이다. 어제보다 나아지려는 몸부림, 지금보다 좋아지려는 도약, 오직 스스로에 대한 집중이 지금의 와타미 주식회사를 만들었다고 해도 과언이 아니다.

누구도 아닌 자신과 경쟁하는 셀퍼는 또 있다. 요리사 서바이벌 프로그램 〈헬's 키친Hell's Kitchen〉으로 이름을 알린 고든 램지Gordon Ramsay가 그 주인공. 그는 31세의 나이에 『미슐랭 가이드』에서 총 열두 개의 미슐랭 스타를 획득한 요리사이며 전 세계적으로 열다섯 개의 레스토랑 체인을 운영하는 사업가이기도 하다.

비록 2013년 탈세 혐의로 조사를 받으며 그 명성이 실추되긴 했지만, 그가 자신과의 경쟁을 어떻게 벌여왔는지에 대한 이야기만은 눈여겨볼 만하다. 램지는 자신의 책에서 자신과의 경쟁을 하늘의 별을 따는 노력이라고 설명한다.[26]

"최고가 되려는 시도가 언제나 성공했을까? 바보 같은 소리. 대신 나는 〈뻐꾸기 둥지 위로 날아간 새〉의 잭 니콜슨을 생각한다. 그는 정신병원에 갇혀 있던 다른 동료 수감자에게 자신이 바닥에서 수도꼭지를 떼어내 그걸 창밖으로 던져버릴 수 있다고 말한다. 동료들은 내기를 건다. 그의 허풍이 사실일 리 없기 때문이다. 영화는 땀을 뻘뻘 흘리고, 끙끙대고, 신음하는 잭 니콜슨을 보여주고, 결국 수도꼭지는 조금도 움직이지 않는다는 사실이 분명해진다. 잭 니콜슨은 마침내 포기하고 주위를 둘러본다. 그러고는 '적어도 난 노력은 했고, 그것만으로도 네놈들보다 나아'라고 말한다.

그게 바로 나다. 가끔씩은 목표를 너무 높게 잡아 실패하기도 하지만, 하늘의 별을 따려는 노력을 결코 멈추지 않을 것이다."

소설 『돈키호테』를 모티브로 한 뮤지컬 〈맨 오브 라만차Man Of La Mancha〉에 나오는 노래 '그 꿈 이룰 수 없어도'의 가사가 떠오르게 하는 이야기다.

'그 싸움 이길 수 없어도, 슬픔 견딜 수 없다 해도, 길은 험하고 험해도, 정의를 위해 싸우리라, 사랑을 믿고 따르리라, 잡을 수 없는 별일지라도 힘껏 팔을 뻗으리라, 이게 나의 가는 길이오.'

일터에서 노는 사람 vs. 놀이터에서 일하는 사람

엘런 랭어Ellen J. Langer 하버드 대학교 심리학과 교수는 1979년 한 가지 실험을 벌인다.[27] 그녀는 보스턴 근교의 쉼터 시설에 75세 노인들을 모으고 그들을 두 그룹으로 나누어 일주일 동안의 변화를 관찰했다. 한 그룹에는 보통의 쉼터 공간이 제공됐고 다른 그룹에는 20년 전과 똑같이 조성된 환경이 제공됐다. 20년 전 유행하던 음악이 울려퍼졌고 20년 전 인기를 끌었던 영화가 상영됐다. 이 그룹은 타임머신을 타고 20년 전으로 돌아가 일주일을 생활한 셈이다.

일주일 후 두 그룹은 확연한 차이를 보인다. 20년 전으로 돌아간 환경에서 시간을 보낸 노인들은 기억력, 기력, 시력 등이 일주일 전에 비해 뚜렷하게 향상됐다. 심지어 그들은 평균 3년 정도 젊어 보이기까지 했다. 환경이 사람에게 어떤 영향을 미치는지를 보여주는 이 실험은 긍정심리학의 대표적인 연구결과 중 하나다.

환경이 사람들의 사고와 행동을 좌우한다는 환경지배론은 오래

전부터 잘 알려진 사실이다. 그리고 이것이 바로 일터를 놀이터로 만들어야 하는 이유이기도 하다. 타타대우상용차 사장으로 일하던 시절, 생산현장을 제외한 부서에서는 유니폼을 입지 않고 근무할 수 있게 했다. 지금이야 많은 직장에서의 복장이 자유롭지만, 몇 년 전만 해도 회사 유니폼이 정해져 있었고 유니폼을 입지 않으면 엄청난 불호령과 동료들의 따가운 시선이 쏟아지던 시기가 있었다. 하지만 유니폼은 생각과 행동을 가두는 굴레라는 판단으로 유니폼을 벗도록 했고 그것은 직원들의 유연한 사고와 발상으로 이어졌다.

세계 최대 인터넷 검색업체인 구글은 본사에 직원들을 위해 수영장, 안마실 등 각종 편의시설을 갖춰놓은 것으로 유명하다. 창의성을 발휘하는 직원들에게 쾌적하게 일할 수 있는 환경, 창의성을 꽃피울 토양을 마련해주려는 투자의 결과다. 우리나라의 실리콘밸리라고도 불리는 판교테크노밸리도 이런 문화를 앞다퉈 도입하고 있다.[28] 인사지원서비스 전문업체인 이트너스는 대표이사실 바로 앞에 '뒹굴뒹굴'이라는 공간을 마련했다. 일하다 쉬고 싶으면 언제라도 푹신한 소파에서 뒹굴뒹굴 휴식을 취하라는 의미다. NHN엔터테인먼트는 사내에 게임시설을 들여놓았고, 카카오톡은 사무실에 칸막이가 없어 대표도 사무실 한쪽에 책상을 놓고 직원들과 같이 일한다.

이처럼 기업들이 일터를 놀이터로 꾸미는 이유는 최근 월스트리트저널의 보도를 통해서도 확인할 수 있다.[29] 기사에 따르면 행복도가 높은 직원들은 다음과 같은 성향을 보인다고 한다.

- 생산성이 두 배 정도 높다.
- 여섯 배 정도 더 적극적이다.
- 병가 일수가 다른 사람의 10분의 1 정도다.
- 다른 동료들을 돕는 비율이 33퍼센트 더 높다.
- 업무에 지장을 주는 문제들을 제거하는 비율이 46퍼센트 더 높다.
- 목표 달성 및 동기 부여 비율도 각각 31퍼센트, 36퍼센트 더 높다.

업무공간이나 업무분위기와는 별개로 셀퍼들은 자신의 일터를 놀이터로 만들곤 한다. 그 방법은 어렵지 않다. 400여 개가 넘는 미국 기업에 펀fun 경영을 전파한 컨설턴트 매트 웨인스타인Matt Weinstein은 "개처럼 일하라"고 조언한다.[30] 일견 거부감이 드는 주장의 근거는 이렇다.

"개에게는 주변의 풍경, 냄새, 사소한 움직임까지 모든 것이 흥미롭다. 개에게는 따분한 것이 없다. (중략) 개는 너무도 많은 것들에게서 재미를 느낀다. 당신이 직장에서 개처럼 일한다면, 다른 사람들이 당신의 존재에서 바로 그렇게 느낄 것이다."

MBC 〈일요일 일요일 밤에〉 〈우정의 무대〉 등을 연출했던 주철환 JTBC 대PD 역시 "행복한 사람은 일터가 곧 놀이터"라고 강조하며 즐거운 일터 만들기는 사소한 것, 쉬운 것, 가까운 것부터 시작해야 한다고 강조한 바 있다.[31]

셀퍼들은 일터에서 놀듯이 일한다. 셀퍼 조직은 일터를 아예 놀이터로 탈바꿈시켜버린다. 잘하려고 애쓰는 대신 즐기려고 일할 때, 어떤 결과를 거둘 수 있는지 알기 때문이다.

평가받지 않는다,
증명하고 요구한다

얼마 전 지인에게 강남구 신사동에 위치한 '희한한' 식당의 이야기를 들었다. 100퍼센트 예약제로 운영된다는 이야기에 미리 예약을 하고 갔는데, 어찌된 일인지 가게 입구에 'closed'라는 팻말이 붙어 있었다는 것이다. 영문을 몰라 어리둥절해하다가 혹시나 하는 마음에 문을 밀었더니 열려 있었단다. 그는 아무래도 주인이 실수를 한 듯해 자리에 앉자마자 귀띔을 해주었다.

"문에 영업종료라고 걸려 있는데, 출근하면서 팻말 치우는 걸 잊으셨나봅니다. 허허."

그런데 주인 왈, 일부러 그랬다는 것이 아닌가.

"아, 그거 일부러 걸어놓은 겁니다. 저희는 100퍼센트 예약제다보니 지나가다가 우연히 들르는 손님은 받을 수가 없거든요. 그걸 모르고 들어오는 손님에게 사정을 설명하자니 계속 요리나 서빙의 흐름이 끊겨서 서비스에 집중할 수가 없더라고요. 번번이 돌려보내는 마음도 편치 않고요."

화려한 간판과 번쩍이는 조명으로 어떻게든 지나가는 손님 한 명이라도 안으로 들어오게 하려는 가게들이 즐비한 거리에서 우연히 들르는 일조차 차단하는 식당이라니, 이런 식당이 과연 장사가 잘될까. '완소'라는 이름의 이 식당은 심지어 저녁 9시에야 영업을 시작한다고 한다. 허기를 달래며 반주를 곁들이는 식사 손님은 '버리는' 운영방식이다. 하지만 모든 '악조건'에도 불구하고 완소는 늘 손님들로 북적이고 빈자리는 찾아볼 수 없다.

비결은 단순하다. 완소는 손님이 마음대로 먹을 수 있는 식당이다. 주인이 정해놓은 메뉴가 아니라 손님이 원하는 메뉴를 즉석에서 만들어주기 때문이다. 그것도 최상의 맛으로. 설사 딱히 먹고 싶은 음식이 떠오르지 않더라도 상관없다. 주인은 그날 식사의 목적, 손님의 기분상태, 평소 취향 등을 살뜰히 고려해 최적의 메뉴를 내놓는다. 그렇게 한 손님 한 손님에게 주력하려니 우연히 가게를 찾은 뜨내기손님은 집중을 흩트리는 방해가 될 뿐인 것이다.

여러 손님들에게 주목받으려 하기보다 가게를 찾은 손님에게 주력하는 식당 주인, 그 역시 셀퍼임에 틀림없다. 셀퍼들이 어떻게 주목과 주력을 구분하는지 살펴보자.

주목은 필요 없다,
오직 주력뿐!

20여 년 전 수많은 운전자들의 '심금을 울린' 자동차 광고 카피가 있었다. 대우자동차(현 한국GM)에서 출시한 중형차 레간자의 "소리 없이 강하다"가 그것이다. 좋은 차의 기준 중 하나인 조용함을 강조한 이 문안은 많은 소비자의 니즈를 자극했고 엄청난 판매로 이어졌다. 이 카피를 이용해 말하자면, 진정한 고수는 소리 없이 강하다.

셀퍼들의 독특한 특징 중 하나는 주목을 꺼린다는 것이다. 아니, 귀찮아한다는 표현이 더 적합하겠다. 기본적으로 타인보다 자신을 중심에 두는 셀퍼들은 타인의 시선이나 평가에 좌우되지 않는다. 오히려 자신의 몰입을 방해하는 요소로 치부한다. 완소가 예약하지 않은 손님의 방문을 기피하듯이 말이다. 셀퍼들은 자신의 모든 에너지를 오직 자신이 좋아하는 일을 하는 데 쏟기를 바란다.

'날개 없는 선풍기'로 유명한 다이슨Dyson의 창업자 제임스 다이슨James Dyson은 개인기업인 이 회사의 오너지만 2010년 3월 회장 자리에서 물러나 수석엔지니어로 활동하고 있다. 이유는 단 하나. 경영보다 일이 더 재미있기 때문이다. 회장의 자리에서 받는 모든 스포트라이트와 칭송은 그에게 전혀 중요한 일이 아니다. 그에게 중요한 것은 혁신, 디자인 같은 스스로가 추구하는 가치와 작업뿐이다.

세계적인 마에스트로 정명훈은 인터뷰를 하지 않기로 유명하다.

그의 음악적 성취와 업적에 관한 무수한 이야기 외에 개인적인 이야기가 잘 알려지지 않은 이유이기도 하다. 그는 자신에게 쏟아지는 관심을 부담스러워한다. 모든 것은 그의 일인 음악으로 소통해야 한다는 생각인 것이다.

삼성그룹 이건희 회장이 가끔 사무실에 출근하면 신문에 보도가 된다. 그룹의 회장이 가끔 출근하는 것도 이상하다고 생각될 수 있지만, 단지 출근했다는 사실이 뉴스가 된다는 것도 이상하다. 아마도 기자들은 이회장의 출근이 어떤 새로운 메시지를 담고 있다고 생각하는 것 같다. 실제로 이회장은 두문불출하기로 유명하다. 투자나 인사 같은 굵직한 사안들 대부분을 계열사 CEO들에게 맡기고 자신은 회사가 나아갈 비전을 찾는 데 주력한다.

사람들의 시선 밖에서 일하길 바라는 셀퍼들의 태도는 선택과 집중의 전략으로도 해석할 수 있다. 작지만 강한 기업을 일컫는 용어 '히든 챔피언Hidden Champion'의 창시자인 경영학자 헤르만 지몬Hermann Simon은 "나무가 성장을 멈추면 죽기 시작한다는 말은 성장의 중요성을 잘 설명하고 있다. 하지만 히든 챔피언들 가운데는 그런 주문을 따르지 않고 오히려 특정 규모로 머물기를 선호하는 이른바 '성장을 삼가는' 회사들이 있다"고 설명한다.[32]

예를 들어 빈터할터 가스트로놈Winterhalter Gastronome이라는 업소용 식기세척기 회사는 시장을 좁게 정의했다. 학교, 병원, 기업 구내식당 같은 대규모시장을 포기하고 오직 호텔과 레스토랑에서 사용하는 식기세척기에 집중한 것이다. 확장을 억제하고 지극히 좁은 틈새시장을 개척한 끝에 전 세계 호텔과 레스토랑에서 20퍼센트가량의 시장점유율을 차지하며 시장지배력을 높였다고 한다.

결국 세상은
누가 더 오래 견디느냐의 싸움이다

어느 조직이든 '스타 플레이어'가 있게 마련이다. 이들은 입사 초기부터 치고 나간다. 뛰어난 실력으로 두드러진 성과를 자랑하며 가장 먼저 인정받고 승진한다. 동료와 선후배의 질투 어린 시선을 한몸에 받는 존재들이다. 그런데 회사생활을 오래하다보면 깨닫는 사실 하나는, 결국 세상은 누가 더 빨리 나아가느냐의 문제가 아니라 누가 더 오래 견디느냐의 싸움이라는 것이다. 인생이 단거리경주가 아니라 마라톤이듯 직장생활도 단기전이 아닌 장기전이다.

　　모두가 그런 것은 아니지만 초반에 승승장구하던 사람들이 그 조직에 오래도록 남아 중요한 영향력을 행사하는 경우는 많지 않다. 능력이 출중한 만큼 다른 곳에서의 러브콜이 많은 것도 하나의 이유일 것이다. 하지만 그보다는 초반의 성공 이후, 잠시 주춤하거나 정체되는 시기를 견디지 못해서 스스로 떠나는 경우가 대부분이다.

　　우리는 성공만으로 오랫동안 행복할 수 없음을 경험을 통해 알고 있다. 성공은 손에 잡히는 실체가 아니다. 우리가 개인적으로 느끼는,

또 주변에서 인식하는 삶의 어느 시점에 대한 평가이기 때문이다. 성공이란 결국 어떤 목표에 헌신하면서 의도하지 않게 얻는 부산물과 같은 것이다. 과정의 결과로 얻는 것이지 그 자체를 추구해서 잡을 수 있는 것이 아니다.

더욱이 성공을 했다는 만족감은 더 큰 성공이나 다른 성공에 대한 갈망으로 이어지기 때문에 만족을 누리는 기간이 짧다. 운동선수가 우승을 거둔 후 한동안 우승을 못하면 우리는 그 선수가 슬럼프에 빠졌다고 생각한다. 그 선수에게 무슨 문제가 있어 우승을 못한다고 판단해버리는 경향이 있다. 지속적으로 우승할 확률은 현저히 낮은데도 말이다.

조직에서 일찍 성취를 맛본 사람은 이후의 좌절을 쉽게 받아들이지 못한다. 크게 두 가지 생각이 든다. 하나는 '사람들이 얼마나 비웃을까. 역시 그때 운이 좋았던 거라고 생각하지 않을까'라는 걱정이고, 다른 하나는 '내가 예전에 얼마나 많은 것을 해냈는데, 그건 다 잊은 거야? 그것만으로도 난 충분히 대접받을 자격이 있는 거 아니냐고'라는 억울함이다. 이런 감정과 상황을 견디지 못하면 결국 짐을 꾸려 새로운 둥지를 찾곤 한다.

셀퍼들은 주변의 시선이나 평가에 자유롭다. 묵묵히 자신의 일에 전념하고 자신의 성장에 집중한다. 어느 조직이든 있는 듯 없는 듯 지내다가 어느 순간 단번에 존재감을 드러내는 사람들이 있다. 오래 익을수록 깊은 맛을 내는 된장처럼, 오래도록 자신을 연마한 끝에 천천히, 하지만 꾸준히 성장한 사람들이다. 차근차근 단계를 밟아 일정 자리에 오르면 그 순간 갈고닦은 내공을 뽐내는 이들은 '견디는 힘'의 중요성을 몸소 입증한다.

이름만으로도 더이상의 수식어나 설명이 필요 없는 기업, 맥도날드. 작은 레스토랑에 불과했던 맥도날드를 세계적인 기업으로 성공시키고, 프랜차이즈라는 새로운 판을 짠 창업자 레이 크록Ray Kroc 역시 견디는 힘을 강조한다. 그는 맥도날드의 성장과 유지의 원동력을 담은 저서에서 맥도날드의 성공에 존재하는 핵심요소는 '타고난 재주나 교육이 아니며 가장 중요한 것은 확고한 의지'라고 설명했다.[33]

"명심하라. 이 세상 그 무엇도 끈기를 대신할 수는 없다. 재능을 타고나도 소용없다. 재능이 있음에도 실패한 사람들이 얼마나 많은가. 능력이 뛰어나도 소용없다. 능력만큼 보상을 받지 못하는 것은 하나의 속담이 될 정도로 흔한 일이다. 교육을 받아도 소용없다. 이미 세상은 교육받은 낙오자들로 가득하다. 오직 끈기와 의지가 있어야 무슨 일이든 이룰 수 있는 법이다."

견디는 힘은 안주나 인내가 아니라 변화에서 나온다

한 가지 간과하지 말아야 할 사실은 견디는 힘이라고 해서 그것이 안주나 인내를 의미하지는 않는다는 것이다.

비즈니스 세계는 새로운 생태계로 빠르게 진화하고 있다. 하나의 글로벌브랜드가 지배하던 시기에서 개인의 취향과 개성을 뒷받침해주는 멀티브랜드가 각광받는 시기로 넘어왔다. 소비자들의 기대치도 진화한 것이다. 좋은 품질과 편리한 기능은 당연시된다. 멋진 디자인과 그 기업의 사회적 명성은 구매 결정의 최소조건이다. 자동차나 에어컨과 같은 긴 수명의 제품도 이제는 '파리 목숨'이다. 유행에 발맞춰 새로운 제품이 계속해서 쏟아지기 때문이다. 소비자들을 감동시키기 위해서는 '차별화되고 기대를 뛰어넘는 서비스'를 제공해야 한다. 2011년 10월 『하버드 비즈니스 케이스』에 소개된 모다 오페란디Moda Operandi라는 회사는 바로 이런 서비스를 제공한다. 고객은 모다 오페란디의 사이트를 통해 세계의 각종 패션쇼에 전시된 옷들을 살펴보고, 마음에 드는 옷을 본인의 체형에 맞도록 주문한다. 유명 디자이너의 옷을 매장에 출시되기도 전에 집에서 받아볼 수 있다니, 여성들의 구매욕을 자극하기에 최상의 조건이다. 자신만을 위한 단 한 벌의 옷을 입을 수 있다는 매력적인 서비스를 제공하는 이 회사는 패션산업의 패러다임을 바꾸고 있다.

교수는 전통적으로 학생들을 가르치고 연구하며 논문을 쓰는 직업으로 여겨져왔다. 하지만 이제는 유학을 가지 않고도 유명한 외국교수들의 강의를 인터넷으로 접할 수 있다. 거의 대부분의 지식을 온라인에서 찾을 수 있게 되면서, 이제 교수들은 전문적인 지식을 독점하지 못한다. 향후 대부분의 학생들은 국내외 유명 강의를 언제 어디서나 온라인 시스템으로 보고 들을 수 있을 것이다. 소위 MOOCMassive Open On-line Course의 시대가 되는 것이다. 무료 인터넷 강의사이트 칸 아카데미Khan Academy는 이미 고등학교 수준까지의 다양한 온라인 교육 프로그램을 제공하고 있다. 4300여 개의 동영상 강의를 개발해 제공하고 있고 강의의 누적 조회 수는 2억 8000만이 넘었다. 앞으로 교수들은 새로운 지식과 학문을 연구해 창출하는 디스커버러discoverer, 기존의 지식을 바탕으로 좋은 강의를 만드는 콘텐츠 크리에이터contents creator 등으로 그 업이 세분화될 전망이다.

기업의 경쟁상대는 과거와 달리 사방에서 그 모습을 드러내게 된다. 골프장의 경쟁자들은 이웃에 위치한 더 좋은 시설의 골프장이 아니다. 최신 디지털카메라와 센서기술을 갖추고 최적의 온도를 제공하는 쾌적한 실내에서 날씨와 관계없이 실내 골프를 즐길 수 있는 골프존은 새로운 놀이터가 되고 있다. 호텔이나 렌터카 비즈니스의 경쟁자들도 바뀌고 있다. 여분의 방이나 운행하지 않는 차량을 실이용자들에게 임대해주는 서비스는 이미 그 사업성을 충분히 보여줬다. 중저가 호텔들은 이제 새로운 경쟁자인 에어비앤비AirBnB와 싸워야 한다. 에어비앤비의 창업자 브라이언 체스키Brian Chesky는 최근 한 매체와의 인터뷰에서 "192개국 3400개 도시 30만 개 방으로, 매일 약 14만 명 정도의 손님이 에어비앤비의 네트워크를 통해 숙박한다"고 밝혔다. 호텔을 건설하기 위한 자본과 비용을 계산해보면 고정비용이 전혀 없는 에어비앤비의 서비스가 얼마나 경쟁력을 가진 비즈니스 모델인지를 알 수 있다.

직장과 직장인들의 진화도 여러 방식으로 진행될 것이다. 조직의 개념은 약해지고 조직과 조직원은 느슨한 동맹자 또는 파트너십의 관계로 발전하게 될 것이다. 이미 글로벌기업들은 기능적인 부서의 개념보다는 매트릭스Matrix형 팀제로 운영하고 있다. 팀들은 일부 전사적인 통합기능을 제외하고는 제품과 서비스에 대한 차별화된 전략을 기획하고 마케팅과 영업전략을 수립하며 그 운영성과에 대한 책임을 지는 소小사업부제로 운영된다. 실제로 글로벌 최대 규모의 의류 아웃소싱 업체 리앤펑Li&Fung은 조직의 비대화를 막기 위해 소사업부제로 운영하며 큰 성과를 이룬 바 있다.

지금 진행되고 있는 변화와 앞으로 일어날 변화들을 숨가쁘게 나열한 이유는 한 가지다. 견디는 힘의 진정한 의미를 짚고 넘어가기 위해서다. 견딘다는 것은 참는다는 뜻이 아니다. 이러한 변화들에 유연하고 능동적으로 자신을 맡기고 함께 변화해나갈 때만 지금의 자리에서 견디는 일이 가능하다.

견뎌라, 이 말은 변화하라는 주문과 동의어다.

셀퍼는 자신을 파는 데 능하다

타인의 주목보다 일에 대한 주력을 중시하는 셀퍼의 속성은 흥미로운 방식으로 발현되곤 한다. 경력자를 새로 채용한 중소기업 대표에게 들은 이야기다. 업계에서 꽤 이름이 알려진 사람을 스카우트했는데 연봉 협상 테이블에서 그는 아무런 조건도 제시하지 않았다. 그저 "알아서 달라"는 요청이 전부였다. 대표 입장에서는 이전 성과가 있으니 알아서 맞추라는 오만한 자신감인가 싶기도 하고, 이래놓고 나중에 연봉이 적다고 불평을 늘어놓는 건 아닌가 걱정도 들었다. 그래서 물었다.

"그래도 생각하는 수준이 있을 거 아닙니까? 서로 생각하는 안을 놓고 조율을 해야지, 무작정 알아서 달라고 해놓고 나중에 서운해하는 거 아니에요?"

"아닙니다. 제가 이전까지 그래도 좋은 성과들을 올리긴 했지만, 그건 다른 회사에서 올린 성과지 않습니까? 아직 여기서는 보여드린 게 아무것도 없으니, 회사에서 생각하시는 기준대로 받겠습니다. 다만 내년 연봉 협상 테이블에서는 구체적인 금액을 요구드릴 겁니다. 그땐 제가 여기서 성과를 낸 다음일 테니까요. 저 정말 열심히 일할 거니까 각오하셔야 될지도 몰라요."

직접 만난 적이 없음에도 그는 셀퍼임이 분명하다는 생각이 들었다. 셀퍼들은 평가받기를 원하지 않는다. 스스로의 능력을 증명하고, 능력만큼의 대가를 당당히 요구한다. 이른바 '셀프 마케팅self marketing'이다. 셀프 마케팅은 한마디로 자기 판매전략이다. 기존의 자기PR이 자신을 적극적으로 내세우고 홍보한다는 개념이었다면, 셀프 마케팅은 자신의 역량과 가치를 높여 이를 조직이나 타인으로부터 인정받는 전략을 뜻한다. 즉 셀퍼는 자신을 파는 데 능하다는 점에서 '뛰어난 장사꾼'이라고도 할 수 있다.

프롤로그에서도 밝혔듯, 커민스 책임연구원으로 일할 당시 밑에 있던 선임연구원 한 명은 모두가 퇴근한 사무실에서 홀로 연구하는 것이 '취미'였다. 그런데 그가 야근을 즐긴다는 사실을 알게 된 계기가 재미있다. 그는 업무 관련 보고메일을 종종 새벽에 보냈다. 아침에 출근해 메일함을 열면 새벽 1~2시경 도착한 그의 메일이 제일 먼저 눈에 띄었다. 어떤 날엔 발신시각이 새벽 5시인 적도 있었다. 그가 일부러 그런 것인지는 묻지 않았으나, 만약 별다른 의도가 없는 행동이었다면 그는 본능적으로 자신을 어필하는 방법을 아는 사람임에 분명하다.

자신의 입으로 늦게까지 일했다고 말하는 것은 '생색'에 불과하다. 그런데 그는 야근했다는 말 대신 새벽의 메일로 자신의 열정과 노력을 자연스레 어필했다. 이후부터 퇴근시간이 다가오면 자연스레 그의 자리부터 확인하게 됐다. 그가 퇴근 준비를 하고 있는지 아닌지, 얼마나 일에 몰입하고 있는지 주의깊게 살피게 된 것이다. 그가 가져온 결과물도 더욱 눈여겨보게 됐다. 그토록 늦게까지 연구한 결과인데 과연 어떨까라는 기대감을 안고 말이다.

저널리스트 필립 델브스 브러턴Philip Delves Broughton은 세계에서 가장 위대한 장사꾼들의 비법을 취재해 정리한 책 『장사의 시대The Art of the Sale』에서 "세일즈는 단순한 상행위의 한 과정이 아니라 상대를 움직이고 설득하고 원하는 것을 얻어내는 삶의 기술"임을 깨달았다고 고백한다.[34]

"세일즈는 스스로 욕구를 충족시키는 데 반드시 필요한 능력이다. 우리는 물건을 팔기 위해 세일즈를 할 뿐 아니라 삶의 목표를 달성하기 위해 세일즈를 한다."

그렇다. 바야흐로 장사의 시대다. 상품과 서비스뿐 아니라 스스로를 팔 줄 아는 사람이 성공하는 시대인 것이다. 그런 의미에서 앞의 직원은 자신을 어떻게 팔아야 하는지 알고 있었다. 만약 그가 입사 때부터 높은 연봉을 요구했다면, 회사 입장에서는 과연 몸값을 하는지 얼마나 잘하는지 지켜보고 평가하게 됐을 것이다. 웬만큼 해서는 만족시키기 힘들다. 우리가 고가의 물건을 구매했을 때 작은 하자에도 민감하게 반응하는 것처럼 회사도 마찬가지다. 하나를 해내도 만족하기보다는 둘 이상을 해내야 한다고 여긴다. 그만큼의 대가를 이미 지불했으니 말이다. 하지만 그는 이직 후의 성과로 추후에 연봉을 협상하겠다고 말함으로써 회사가 '기대'하게 만들었다. 여전히 회사는 그를 지켜보고 평가하겠지만 초점이 다르다. 회사는 그가 하나씩 성과를 이룰 때마다 그를 어떻게 '대우'해야 할지 고민할 것이다.

상품 대신 자기 자신을 팔았던, 전설의 세일즈왕

자신의 주요 업무에서 벗어나는 일을 부여받았을 때 대부분의 직장인은 비슷한 반응을 보인다.

"아, 고작 그 월급 주면서 왜 이리 시키는 게 많아? 아주 뽕을 뽑는구만, 뽕을."

그런데 이들이 간과하는 사실이 하나 있다. 회사가 지급하는 돈은 단순히 월급만이 아니라는 것이다. 당신이 회사에서 사용하는 모든 비품의 구입비, 전기세 등 각종 공과금, 당신을 코칭하는 상사의 월급 일부, 관리부 등의 인건비가 모두 당신을 위해 회사가 지불하는 돈이다. 회사는 생각보다 훨씬 많은 돈을 당신을 위해 쓴다고 해도 과언이 아니다.

물론 이것은 어디까지나 회사의 논리다. 개인 입장에서 생각하면 또 많은 것이 달라진다. 업무시간뿐 아니라 출퇴근시간, 퇴근 후 일에 대해 고민하는 시간 등이 모두 당신이 회사를 위해 사용하는 시간이다. 회사가 알든 모르든, 이를 인정하든 인정하지 않든 그렇다.

결국 내가 일한 만큼 보상을 받는다는 것, 투자한 시간을 돈으로 환산한다는 것은 불가능하다. 조직과 개인의 셈법이 확연히 다르기 때문이다. 그러나 분명한 사실은 받은 만큼 일하는 사람은 계속 그만큼만 받는다는 것이다. 일의 한계를 긋는 사람은 성장에도 한계가 존재하기 때문이다. 그리고 성장하지 못한 채 정체된 직원에게 단지 연차가 쌓였다고, 경력이 오래됐다고 월급을 더 챙겨줄 회사는 없기 때문이다.

『타임』이 '미국에서 가장 무서운 영업사원'이라고 칭했던 전설적인 세일즈왕 랠프 로버츠Ralph Roberts를 아는가. 그는 고등학교 졸업 직후 부동산 영업사원으로 취직, 연간 600채의 주택을 판매하는 '말도 안 되는' 실적을 달성했다. 연간 600채는 다른 영업사원의 50배에 달하는 수치였으니 '말도 안 되는'이라는 수식어가 과장은 아닐 것이다.

성공의 비결은 한 가지가 아니겠지만, 그가 직접 밝힌 세일즈비법 중 우리가 주목할 부분은 '자기 자신을 팔라'는 메시지다. 로버츠는 경쟁자와 같은 상품을 판매한다면, 차별화할 수 있는 방법은 판매자인 자기 자신을 마케팅해서 고객의 신뢰를 얻는 것뿐이라고 강조한다. 그가 자기 자신을 마케팅하는 데 들이는 개인비용은 연간 10만 달러에 달한다고 한다. 무려 10만 달러의 사비를 쏟아붓다니 놀랄지 모르겠지만 진짜 놀라운 사실은 이제부터다. 그가 이렇게 투자하고 영업을 통해 벌어들이는 수입이 얼만지 아는가? 자그마치 700만 달러다. 투자 대비 70배의 수익을 올리는 것이다.

셀퍼들은 자신이 얼마를 받든 일에 대한 시간적·금전적 투자를 아끼지 않는다. 일이 아닌 자신에 대한 투자로 인식하기 때문이다. 자신이 한 일이 잘된다는 것은 역으로 생각하면 자신의 가치가 더욱 높아지는 것이다. 이것이 셀퍼들의 셈법이다.

Part 2

'남의 답'으로
'내 문제'를 풀지 않는다
: 셀프 파워

셀프 파워란 누구도 갖고 있지 않은 자신만의 답이다. 셀퍼들은 매뉴얼
같은 다른 사람의 답으로 일하지 않는다. 자신이 스스로 개척하고 알아낸
'노하우'로 움직인다. 매뉴얼은 내가 아닌 누군가가 만들어놓은 설명서이다.
남이 걸어간 길이며, 남이 사용한 도구다. 매뉴얼을 잘 숙지하고 실행에
옮긴다면, 실패는 하지 않겠지만 아무리 잘해봤자 남이 이미 간 길만큼만
걷고 남이 이룬 만큼만 이룰 뿐이다. 자신만의 답을 찾고 이를 토대로 문제를
해결하려면, 오랜 시간이 걸릴 수 있다. 하지만 그 노력의 결과는, 이전까지
그 누구도 이루지 못한 성취일 것이다.

"당신의 힘으로
얻을 수 있는 것을
Never stand begging
for something that

남에게
부탁하지 말라."
you have the power
to earn.

_미겔 데 세르반테스

남의 답으로
내 문제를 풀지 않는다

2000년 커민스의 중국 비즈니스를 총괄하는 대표이사 사장으로 임명됐다. 중국어를 전혀 할 줄 모른다는 큰 핸디캡을 안고 중국사업을 지휘해야 하는 상황이 벌어진 것이다. 회사 안에서는 영어로 의사소통이 가능했지만 문제는 밖이었다. 커민스는 당시 규모 있는 두 개의 합작회사를 운영하고 있었는데 그 회사들의 파트너들은 국영기업이었다. 지금이야 많이 바뀌었지만 당시만 해도 국영기업 임직원들 중에 영어를 제대로 하는 사람이 드물었다. "굿모닝" 정도의 인사말을 나누고 나면 곧바로 알아들을 수 없는 중국어가 쏟아졌다.

합작회사와의 관계 유지와 협상을 위해 중국어와 영어가 유창하면서 변호사 자격증까지 보유한 팀장 한 명을 기용했다. 동시에 내부적으로 임원이나 팀장과의 보다 원활한 소통을 위해 새로운 비서를 채용하기로 했다. 한시가 급한 일이었기에, 인사 담당 중역의 추천을 받아 별도의 면접 없이 중국인 비서를 뽑게 됐다. 기대하는 몇 가지 일들을 문서화해 그녀에게 전달했다. 제일 중요한 업무는 나보다 15분 일찍 출근해 그날의 일정과 업무를 사전에 파악하는 것이라고 강조했다. 합작법인을 포함해 3500여 명에 달하는 직원들을 효율적으로 관리하고 업무를 지시하기 위해서는, 조금의 누수도 없이 시간을 알뜰히 사용해야 했기 때문이다. 하지만 입사 후 2개월 동안 그녀가 나보다 일찍 출근한 날은 손에 꼽을 정도였다. 핑계는 가지각색이었다.

"새벽같이 출근했는데 길이 너무 막혀서 어떻게 할 수가 없었어요." "요즘 업무가 너무 많아서 체력이 현저히 떨어졌어요. 아침에 도무지 몸이 움직이지 않더라고요." "다른 사람들은 이렇게 일찍 출근하지 않잖아요. 사실 저는 업무시간에 맞춰 왔으니 지각은 아니지 않나요?"

더욱이 어떤 지시를 해도 대개 "할 수 없다" "어렵다"는 답변이 돌아왔다. 그녀가 즐겨 사용한 변명은 "그런 것은 중국에 없다" "그런 일은 중국에선 불가능하다"였다. 결국 비서를 교체하기로 결심했다. 신임사장이 2개월 만에 직원을 해고하는 일은 다른 직원들의 우려를 낳기 충분했지만, 그렇다고 '모든 것이 안 되고 할 수 없는' 직원과 계속 같이 갈 수는 없는 노릇이었다.

여러 번의 면접을 거쳐 마침내 한 사람을 채용했다. 지원자와 2주에 걸쳐 네 번의 면접을 진행했다. 면접에는 매번 서너 명의 임원을 초청해 그들의 견해도 구했다. 이번에 비서를 제대로 뽑지 못하면 앞으로 신임사장으로서 제대로 된 리더십을 발휘하기 힘들 것이라 생각했기 때문이다. 그렇게 채용한 '이사벨'이라는 이름의 직원은 그간 만난 가장 유능하고 신뢰할 만한 사람 중 하나였다. 사실 그녀는 채용 직후 그토록 어려운 면접은 처음이었다고 고백했다. 네 번을 면접하자고 하니 중도에 그만둘까라는 생각도 들었는데 나중에는 어디까지 가나 보자라는 오기가 생겼다고 했다. 까다롭게 채용한 만큼 신중하게 대접할 것이라는 기대도 있었다고 했다.

까다로운 채용과정은 헛되지 않았다. 그녀는 단 한 번도 늦게 출근한 적이 없었다. 놀랍게도(!) 출근길에 사고가 나거나, 차가 엄청나게 막히거나, 과로로 몸이 아프거나 하는 일이 그녀에게는 전혀 일어나지 않았다. 가장 큰 변화는 이전 비서의 "중국에는 그런 것이 없다"가 "중국에는 없는 것이 없다"로, "저는 할 수 없다"가 "저는 할 수 있다"로 바뀌었다는 사실이다.

이전의 비서가 유독 게으르고 무능한 사람이었던 것은 아니다. 다만 그녀는 '다른 사람의 답'을 갖고 일했을 뿐이다. 다른 사람들이 시도해봤으나 불가능했고 추진해봤으나 실패했으니, 자신도 당연히 할 수 없다고 지레짐작한 것이다. 그녀가 매번 늦게 출근했음에도 당당했던 이유 역시 '다른 사람들과 같이' 정시에 출근했으니 문제없다는 생각 때문이었다.

반면 이사벨은 전형적인 셀퍼였다. 그녀는 '자신의 답'으로 일하는 사람이었다. 남들이 하지 못한 것, 남들이 하고 있는 것은 관심도 없고 안중에도 없었다. 오직 자신이 하는 일, 할 수 있는 일, 해야 할 일에만 집중했다. 이사벨에게 안 되는 일이 없었던 것은 그녀가 유달리 뛰어나고 탁월한 사람이었기 때문이 아니다. 남들은 할 수 없었지만 그건 다른 사람의 경우이고 자신은 할 수 있을지도 모르니 일단 시도했을 뿐이다. 그렇게 시행착오를 거쳐 많은 일들을 이루어냈지만 당연히 모든 일을 성공해낸 것은 아니었다. 하지만 그 경우에도 그녀는 "이건 안 되는 일"이라고 말하는 대신 "다른 방법이 필요한 일"이라고 설명하며, 그 일을 해결하는 데 도움이 될 다른 사람을 추천했다. 이처럼 스스로를 믿고 존중하는 셀퍼들은 다른 사람의 능력도 인정하며 이를 활용할 줄 안다.

목공기계회사에서 물리학을 공부하는 이유

일본의 메이난名南제작소는 그야말로 셀퍼들의 집합체라고 할 수 있다. 메이난제작소는 전 직원이 100여 명에 불과한 소규모 목공기계 전문업체. 하지만 1952년 창립 이래 줄곧 흑자 행진을 기록하고 있으며, 2013년 기준 차입금 제로에 자본금 9000만 엔, 연매출 62억 엔, 영업이익률 30퍼센트라는 어마어마한 수치를 자랑한다. 직원 한 사람당 10억 원에 달하는 연매출을 올리는 셈인데, 대기업인 소니보다도 월등히 높은 경쟁력이다. 하지만 이보다 놀라운 사실은 직원 한 사람당 특허와 실용신안 등록건수가 평균 10건이 넘는다는 것이다. 목공기계업에서 한 회사의 특허와 실용신안 등록건수가 근 1000건에 달하는 것은 가공할 성과다. 이처럼 압도적인 기술적 우위가 소규모로도 엄청난 재무성과를 이룰 수 있었던 바탕이라고 할 수 있다.

메이난제작소 직원들 대부분은 중졸이거나 고졸이다. 그럼에도 수많은 특허를 받을 수 있었던 비결은 '집요한 학습'에 있다. 시작은 이 회사의 창립자인 하세가와 가쓰지長谷川克次 사장이었다. 그는 배움의 기초가 부족한 직원들에게 학습의 기회와 자극을 주기 위해 '학습회'를 만들었다. 매주 월요일 아침 전 직원이 모여서 네 시간 동안 물리를 공부하도록 한 것이다. 다른 분야를 제쳐놓고 물리를 택한 이유는 물리야말로 모든 일의 기초적인 원리를 제공하는 학문이라고 생각했기 때문이다. 『메이난제작소 이야기不思議な會社』라는 책을 보면, 직원 학습과 관련된 하세가와 사장의 철학이 등장한다.[1]

"사람에겐 자기 향상의 욕구가 있고, 그 욕구가 충족되었을 때 기쁨을 느낀다. 자기 손으로 한 가지 사물을 완성했을 때 보람을 느낀다. 그러나 현실의 직장은 업무적인 틀에 묶여 세분화된 작업을 강요한다. 능력 계발, 개인의 향상을 기대하기 어렵다. 옛날의 장인들, 이를테면 목공 장인만 해도 직접 고객과 상담하고, 손수 설계하고, 일일이 재료를 구입해서 자기 손으로 가공과 조립을 실천했다. 그런 과정을 통해 충족감을 맛봤다. (중략) 나는 직원들 한명 한명이 모든 일을 다룰 수 있게 되기를 바란다. 그런 능력을 갖추도록 지원하는 것이 나의 목표다."

하세가와 사장 역시 고등학교 졸업 직후 목공기계 제작소에 취직했고, 여러 시련을 겪은 뒤에 "내 안의 창조력과 사고력을 키우려면 자립하는 길밖에 없다"는 깨달음으로 1952년 27세의 나이로 1인기업 메이난제작소를 창업했다. 기대서기보단 양발로 우뚝 서길 바란 사람, 현재 있는 곳에서 답을 찾을 수 없을 때 스스로 새로운 답을 만들어낸 사람, 즉 뛰어난 셀퍼였던 그가 이제는 직원들을 셀퍼로 육성하고 있는 셈이다. 메이난제작소 사옥 입구에는 사시社是가 크게 적혀 있는데, 다름 아닌 뉴턴의 물리학 법칙 'F=ma'이다. '힘=질량×가속도'라는 본래의 뜻을 '타인의 힘이 아닌 자기의 힘으로 노력하면 반드시 성장하며, 그 힘들을 곱하면 반드시 가속도가 일어난다'라는 의미로 해석하고 있다.

현재 메이난제작소의 직원들은 동경대 물리학과 수준의 지식을 자랑한다. 일부 직원들은 여기에 만족하지 않고 일주일에 두 번 일과 후 물리를 더 깊이 공부하는 모임인 '뉴턴 동호회'를 만들었다. 교재는 미국 MIT의 물리학 교과서다. 자발적으로 야간대학을 다니며 체계적인 공부를 병행하는 직원들도 많다. 목공기계업계의 다른 사람들이 그 분야의 지식만 파고 있을 때, 메이난제작소의 직원들은 물리학이라는 자신만의 답을 찾았고 지식을 쌓았고 이를 업무에 활용했다. 이토록 스스로 치열하게 공부하며 전문적인 지식을 쌓고 있는 직원들이니 아무리 명문대를 나와 대기업을 다니는 사람이라 해도 당해낼 재간이 없는 것이다.

시작은 사장의 '지시'였지만 이제는 모든 직원이 스스로 '선택'해 공부하며 성장하고 있다. 지시와 이행 대신 선택과 몰입이 자리할 때, 셀프 파워는 빛을 발한다. 이러한 셀퍼들이 모인 메이난제작소는 '명령과 복종'이 아닌 '자율과 설득'으로 움직인다. 별도의 부서 구분 없이 프로젝트별로 리더가 있는데, 이 리더도 임명을 받는 것이 아니라 자원에 의해 결정된다. 자원자가 많으면 직원들의 투표로 결정한다. 90퍼센트의 과정이나 공정은 직원들이 '알아서' 한다. 나머지 10퍼센트 정도만 사장이나 선배들의 충고와 도움을 받는다. 급료 역시 경영자가 아닌 직원 스스로 정한다. 직원들이 모두 각 직원의 기여도를 평가해 급료를 정하고, 보너스 역시 직원들이 참여하는 급여위원회에서 결정한다.

메이난제작소의 자유로운 분위기와 자율적인 문화는 회의풍경에서도 잘 드러난다. 심지어 '아이디어는 벌거벗은 몸에서 나온다'라는 철학을 바탕으로 직원들과 사장이 옥상 사우나에서 술 한잔 하면서 새로운 아이디어를 위한 토론을 벌이기도 한다. 직원들에게 배움과 능력 계발을 통해 존재감을 만들어주고 이익에 앞서 사람에 집중하는 하세가와 사장의 리더십은 앞서 열거한 '상식을 뛰어넘은 성과'로 나타났다. 하지만 직원들 스스로가 자신의 의지와 힘으로 움직이지 않았다면 경영자 한 사람의 뜻으로는 절대 불가능했을 일이다. 이제 메이난제작소의 직원들은 배움과 성장의 기쁨에 스스로 고무돼 움직이고 있다.

실패란 다른 사람의 답을 지우고,
나만의 답을 찾아가는 과정

독일기업의 아이콘 중 하나인 포르쉐^{Porsche}2는 1992년 당시 40세의
벤델린 비데킹^{Wendelin Wiedeking}을 대표이사로 선임한다. 오랫동안 전설
적인 자동차회사로 군림하던 기업이 엄청난 위기에 직면한 시점이었
다. 신모델 개발의 지연, 비효율적인 생산방식, 주력시장이던 미국에
서의 제품경쟁력 상실 등으로 포르쉐는 서서히 붕괴의 길을 걷고 있었
다. 이런 상황을 더이상 지속할 수 없다고 판단한 주주들이 젊고 명석
하며 추진력과 야심을 가진 비데킹을 구원투수로 기용한 것이다.

비데킹은 일본의 경영방식 수혈로 새로운 돌파구를 찾았다. 퇴임
한 일본 자동차회사 임원들을 고문으로 채용해 원가 책정부터 생산방
식, 품질 관리에 이르기까지 전 분야에 걸쳐 일본의 방식을 세세히 벤
치마킹하면서 집요한 변화를 꾀했다. 그 결과 1992년 3억 유로에 불과
했던 포르쉐의 시장가치는 2002년 무려 95억 유로를 기록했다. 죽어가
던 포르쉐를 완벽하게 되살린 공로로 2000년대 초 그는 각종 경영자
상과 리더십상을 휩쓸며 그야말로 독일 최고의 경영자로 칭송받았다.

2002년 포르쉐를 잔뜩 긴장시키는 소문이 독일기업계를 떠돌았
다. 폭스바겐의 페르디난트 피에히 회장이 물러나면서 비데킹을 본인
의 후임자로 임명할 것이라는 소문이었다. 하지만 뚜껑을 열고 보니 헛
소문에 불과했다. 폭스바겐은 비데킹을 후보로조차 고려하지 않았으
며 피에히의 뒤를 이어 회장에 오른 사람은 전혀 다른 인물이었다. 포

르쉐의 구세주 비데킹을 폭스바겐이 안중에도 두지 않았다는 사실은 많은 사람들에게 충격을 안겨줬다. 피에히 회장은 한 신문과의 인터뷰에서 "왜 모두의 예상과 달리 비데킹을 영입하지 않았느냐"는 질문에 다음과 같이 설명했다.[3]

"한 번도 제대로 실패해보지 않은 사람은 쓰지 않을 것입니다. 비데킹은 한 번도 실패해본 적이 없는 사람입니다. 무언가 아주 위대한 일을 달성하기 위해서는 그도 언젠가 실패가 필요할 것입니다."

그로부터 몇 년 후 '다윗'에 불과한 포르쉐가 '골리앗' 폭스바겐을 인수하려는 시도가 있었다. 이를 위해 무리하게 외부 자금을 동원했던 포르쉐는 결국 파산 직전에 이르고, 도리어 폭스바겐에 인수당하고 만다. 한때 독일 최고의 경영자로 꼽히던 비데킹 회장은 해임됐다.

실패의 중요성을 알았다는 점에서 피에히 회장은 셀퍼였다고 할 수 있다. 셀퍼들은 실패를 두려워하지 않는다. 오히려 반긴다. 실패란 시도의 다른 이름이며, 실패하면 할수록 더 많은 경험과 노하우가 쌓여 성공에 가까워진다고 믿기 때문이다. 그들에게 실패는 다른 사람의 답을 하나씩 지우면서 나만의 답을 찾아가는 과정이다. 혼다자동차의 창업주 혼다 소이치로本田宗一郎는 이렇게 말했다.

"나는 많은 꿈을 이루었지만, 실패도 많이 했다. 그러나 실패를 부끄럽게 생각하지는 않는다. 그 실패로 지금의 혼다가 여기에 있기 때문이다."

본인의 말처럼 혼다 소이치로의 인생은 실패의 연속이었다. 대학 시절엔 밤새워 피스톤 링$^{piston ring}$ 디자인에 열중하며 얼마 되지 않는 재산을 모두 그 작업에 쏟아부었다. 여러 해의 노력 끝에 시제품을 완성, 당시 가장 큰 자동차회사였던 토요타에 선보였지만 단칼에 거절당했다. 오랜 노력이 수포로 돌아갔지만 포기하지 않은 채 다양한 방식으로 접근하면서 다른 디자인을 고민했고, 2년 뒤 마침내 토요타로부터 구매 결정을 통보받는다. 하지만 기쁨도 잠시, 피스톤 생산공장을 위해 콘크리트가 필요했지만 제2차세계대전 발발 직전이었던 당시에 콘크리트를 구할 수 있는 길이 없었다. 그래서? 길이 없다면 길을 내면 된다는 생각으로, 직접 새로운 콘크리트 제조법을 연구해 공장을 세우고야 말았다. 하지만 실패는 숨 돌릴 틈도 없이 이어진다. 전쟁중 비행기의 폭격으로 공장시설 대부분이 파괴되고 말았고, 추후 지진까지 덮쳐 공장이 폐허가 돼버리는 바람에 피스톤사업을 토요타에 넘길 수밖에 없었다.

더이상 재기가 불가능할 것 같은 실패를 겪었지만 혼다는 또다시 시도한다. 돈도 잃었고 사업도 빼앗겼지만 실패를 반복하는 과정에서 '실패를 극복하는 자신만의 방법'을 터득했기 때문이다. 그것은 누구도 갖고 있지 않고, 누구도 알고 있지 않은 혼다만의 노하우였다. 어느 날 쓰레기통에 버려진 고물 자전거 한 대를 발견한 그는 고물 자전거를 고쳐서 판매하는 일을 시작한다. 그 과정에서 자전거를 좀더 편하고 빠르게 이용할 수 있는 방법을 고민하기 시작했고, 구식 잔디깎이 기계의 모터를 자전거에 연결하는 아이디어를 떠올렸다. 세계 최초의 오토바이가 탄생한 순간이다.

물론 이후에도 순탄치는 않았다. 오토바이를 사고자 하는 사람들의 주문이 빗발쳤지만 모터가 부족해 이를 감당할 수 없자 직접 모터공장을 지어야 했고, 무겁고 덩치가 큰 오토바이에 대한 불만으로 고객이 등을 돌리자 여러 시행착오를 거쳐 작고 가벼운 오토바이를 만들어냈다.

이제는 누구나 익히 알고 있을 혼다 소이치로의 케케묵은 이야기를 구태여 다시 꺼내든 이유는 하나다. 혼다야말로 실패를 통해 자신만의 답을 찾은 셀퍼의 대표적인 사례이기 때문이다. 그의 실패가 빛나는 것은 실패를 했지만 포기하지 않아서가 아니라, 실패를 통해 오답을 지우고 답을 수정하며 자신만의 답을 만들어갔다는 데 있다. 즉 혼다에게 실패는 개선과 발전을 위한 필요충분조건이자 과정이었던 셈이다.

감히 혼다에 비할 수는 없지만 실패를 통해 나만의 답을 찾았던 작은 경험이 하나 있다. 퍼듀 대학원에서 기계공학 박사학위를 취득하고 대우캐리어란 합작회사의 기술부 차장을 거쳐 1986년 미국 커민스의 중앙연구소 선임연구원으로 일하게 됐다. 그런데 3년 후 부서를 바꾸어야겠다는 생각이 들었다. 분석하고 실험하고 설계하는 일이 적성에 맞지 않았던 것이다. 대학부터 시작해 대학원까지 10년 가까이 공부한 전공이 맞지 않다니, 나에겐 낭패였고 다른 사람들이 보기엔 실패였을지도 모른다. 부서를 옮기고 싶다고 하니 다들 뜯어말리기 바

빴다.

"지금껏 공부한 것도 있고 회사에서 쌓은 경력도 있는데, 한순간에 물거품처럼 사라지는 거다. 다시 생각해봐라." "단순히 부서를 옮기는 일이 아니라 완전히 맨바닥에서 시작하는 일이다. 나이가 적지도 않은데 할 수 있겠냐?"

사람들의 우려처럼 많은 걱정에 휩싸였지만 아무리 생각해도 연구직은 재미있게 잘할 수 있는 분야가 아니었다. 결국 회사와 의견을 조율, 중앙연구소에서 제품 기획 담당 매니저로 자리를 옮길 수 있었다. 익숙한 기술분야를 뒤로하고 기획이라는 새로운 분야에서 도전하는 것은 나름 엄청난 리스크를 수반한 모험이었다. 하나부터 열까지 모르는 것투성이였고, 작은 실수들을 범할 수밖에 없었다. 하지만 이 과정을 통해 커리어에 있어 새로운 답을 찾았고 완전히 다른 목표를 세울 수 있었다. 기술 담당 임원이 아닌 비즈니스 경영자를 꿈꾸게 된 것이다. 이후 제품 기획업무를 거쳐 국제비즈니스본부에서 일했고 앞서 이야기했듯 1991년 한국에 커민스코리아가 설립되면서 대표이사로 부임하게 됐다. 기술분야에서의 커리어 전환과 실패를 겪지 않았다면 아마 꿈에서조차 생각하지 못했을 일이다.

성공을 위한 자유, 실패를 할 수 있는 자유

MIT의 피에르 아줄레이Pierre Azoulay 교수팀은 두 그룹에 대한 비교 조사를 실시했다.[4] 한 그룹은 미국국립보건원National Institute of Health에서 연구과제를 지원받은 과학자들로 구성됐고, 다른 그룹은 하워드휴스의학연구소Howard Huges Medical Institute에서 연구과제를 지원받은 과학자들로 구성됐다. 미국국립보건원은 지원한 과제에 대해 중간중간 단기적인 성과 보고를 요구했고, 결과의 실패는 과제의 연장에 부정적인 영향이 있다고 설명했다. 반면 하워드휴스의학연구소는 수행과정과 실험방법 등에 대해 자율권을 주었다. 또한 과제 진행중 초기의 실패를 용납하는 등 과학자들이 보다 더 자유롭게 과제를 수행할 수 있도록 도왔다.

두 그룹이 내놓은 결과가 어떠했을지는 짐작 가능할 것이다. 하워드휴스의학연구소의 지원을 받은 과학자들의 연구논문이 의학 발전에 더 큰 영향력을 발휘한 것으로 나타났다. 실패를 두려워하지 않고 도전하며 설사 실패하더라도 주저앉지 않고 계속 나아간 결과다. 이 연구소의 철학은 바로 '성공을 위한 자유, 실패를 할 수 있는 자유'이다. 충분히 실패를 겪어야 성공할 수 있다는 설립철학을 바탕으로, 연구원들은 장기적인 성공을 위해서 단기적인 실패를 당연시한다.

이처럼 실패에 대한 재정의는 개인뿐 아니라 조직에도 중요하다. 실패에 관대한 조직문화가 실패를 두려워하지 않는 셀퍼를 길러낼 수 있기 때문이다. 실패란 성공을 위한 과정에서 발생하는 시행착오를 말하는 것이다. 실패와 목표 미달은 구분되어야 한다. 목표를 100퍼센트 달성하지 못했다는 것을 실패라고 부를 수 없다는 뜻이다. 우리가 주식 투자를 할 때도 한 번의 수익성을 보고 전체 수익성을 판단하는 것이 아니듯, 작은 실패나 좌절은 장기적인 성과를 위한 작은 투자로 인식할 수 있어야 한다. 또 목표치에 미달했다는 것은 목표치를 초과할 수 있는 가능성을 열었다는 것과 같다. 목표에 미달한 것을 실패가 아닌 오히려 목표에 가까워져왔다는 신호로 받아들일 수 있는 '열린 사고'가 필요하다.

최근 삼성에서는 'CL Creative Laboratory'이라는 제도를 만들어 운영하고 있다. 새로운 아이디어를 제안해 채택이 되면 6개월에서 12개월 정도 현업에서 빠져나와 새로운 제안과제를 수행하게 하는 제도다. 설사 그 결과가 기대했던 성과에 못 미친다고 해도 실패를 추궁하지 않는 것을 원칙으로 한다. 포스코에서는 '실패상'이라는 제도를 도입해 직원들이 새로운 기술 개발에 성공하였지만 상용화에는 실패한 경우에 1000만 원까지 시상한다. 결과보다 도전을 중시하는 기업문화 구축을 위한 시도라고 할 수 있다.

기업 역시 실패를 디딤돌로 삼아 도약할 수 있어야 한다. 폐쇄적인 사업구조로 IT산업 대응이 늦어지는 바람에 2008년 10조 원대 적자를 냈던 일본의 복합기업 히타치 Hitachi, Ltd는 2013년 20년 만에 최대 흑자를 냈다.[5] 과거 실패를 교훈 삼아 사업을 개방하고 민첩하게 환경에 대처했던 덕분이다. 바야흐로 실패를 겁내지 않는 기업이 성공하는 시대다.

셀프 파워란 누구도 갖고 있지 않은 자신만의 답이다. 셀퍼들은 매뉴얼 같은 다른 사람의 답으로 일하지 않는다. 자신이 스스로 개척하고 알아낸 '노하우'로 움직인다.

매뉴얼은 내가 아닌 누군가가 만들어놓은 설명서이다. 남이 걸어간 길이며, 남이 사용한 도구다. 매뉴얼을 잘 숙지하고 실행에 옮긴다면, 실패는 하지 않겠지만 아무리 잘해봤자 남이 이미 간 길만큼만 걷고 남이 이룬 만큼만 이룰 뿐이다. 자신만의 답을 찾고 이를 토대로 문제를 해결하려면 오랜 시간이 걸릴 수 있다. 중간에 실패를 경험할 수도 있다. 하지만 실패를 딛고 일어서고 포기하지 않는 노력의 결과는, 이전까지 그 누구도 이루지 못한 성취일 것이다.

빠른 시간보다
옳은 시간이 중요하다

"아니, 프로젝트를 기한 내에 끝낸 게 문제라뇨? 저는 도저히 납득할 수가 없습니다."

얼마 전 연구실로 대기업 개발팀에서 책임연구원으로 근무하는 송차장이 찾아왔다. 그는 고과에서 A를 받은 것에 대한 불만이 상당했다. 자신이 생각할 때는 도무지 감점의 이유가 없다는 것이다. 한 해 동안 추진한 프로젝트도 모두 기한 내에 마쳤고, 성과도 최상은 아니지만 예상목표는 달성했다고 한다. 그런데 마감기한을 훌쩍 넘겨서야 개발을 마친 팀의 리더는 S등급을 받았다며 납득할 수 없다는 말만 되풀이했다. 물론 그 팀의 실적이 좋긴 했지만, 기한을 넘긴 것은 분명 감점요소이니 그 역시 자신처럼 A등급을 받았어야 하지 않겠느냐는 질문이 이어졌다. 그런 그에게 "시간 엄수가 잘못"이었다고 답하니 위와 같은 반문이 돌아온 것이다.

　　물론 마감기한은 당연히 지켜야 한다. 그것은 약속이자 목표이기 때문이다. 하지만 기한보다 더욱 중요한 것이 결과다. 송차장은 기한 내에 프로젝트를 마쳐야 한다는 강박에 사로잡혀 몇 가지 작은 오류들을 발견했지만 개선 없이 개발을 마무리했다고 한다. 어차피 큰 결함이 아니기 때문에 추후 수정하면 된다는 생각이었다. 그는 바로 그 사소한 오류가 그의 발목을 잡았다는 사실을 모르고 있었다. 회사의 입장에서는 시간 내에 마쳤지만 문제가 있었던 송차장의 프로젝트보다 기한을 넘기긴 했지만 시장에 바로 내놓아도 손색이 없는 제품을 개발한 다른 팀에 더 높은 점수를 줄 수밖에 없는데도 말이다.

옳은 시간이란,
속도보다 결과에 방점을 찍는 것

'빨리빨리'는 한국을 대표하는 수식어 중 하나다. 실제로 한국기업들이 눈부신 성과를 내며 세계에 명성을 떨친 데는 스피드 경영이 한몫을 단단히 했다. 삼성전자는 한 분기에 여러 종의 스마트폰 신모델을 출시하며 글로벌고객들의 마음을 사로잡았고, 현대자동차는 해외에 공장을 몇 개월 만에 신설하며 해외시장에 성공적으로 안착했다.6 '빠른 시간'은 분명 효과적인 경쟁력이라는 사실을 부인할 수는 없다. 하지만 빠른 시간보다 더욱 중요한 것이 있으니, 그것은 바로 '옳은 시간'이다.

셀퍼들은 빠른 시간보다 옳은 시간을 추구한다. 옳은 시간이란 최상의 결과를 거두는 데 필요한 최적의 시간을 뜻한다. 속도보다 과정과 결과에 방점을 찍은 시간개념이라고 할 수 있다.

2013년 5월 미국의 창업 전문사이트 앙트레프레너닷컴www.entrepreneur.com은 가난한 집에서 태어나 대학 문턱도 밟지 못했지만 현재 순자산규모가 평균 258억 달러가 넘는 억만장자 여덟 명의 비즈니스전략을 소개했다.7 기사에 따르면 래리 엘리슨Larry Ellison 오라클Oracle CEO, 리자청李嘉誠 창장長江그룹 회장, 아만시오 오르테가Amancio Ortega 자라Zara 창업자, 존 프레드릭센John Fredriksen 골라 LNGGolar LNG 대표 등은 악조건 속에서도 완벽히 자수성가했다는 사실 외에 한 가지 공통점이 더 있는데, '누구보다 빨리 트렌드를 인식했다'는 것이다.

누구보다 빨리 트렌드를 인식했다니, 역시 빠른 시간이 중요한 것 아니냐고? 속단은 이르다. 위의 인물 중 존 프레드릭센의 사례를 보자. 줄곧 선박업계에 종사하면서 개인유조선 소유자가 된 젊은 시절의 프레드릭센은 유조선의 패러다임이 바뀔 것이라고 예측했다. 당시 개인유조선 소유자들은 1970년대의 유조선 건조建造량 폭등으로 어려움을 겪었다. 포화시장에서의 경쟁은 출혈경쟁일 뿐, 결국 수많은 사람들은 눈물을 삼키고 유조선을 폐기할 수밖에 없었다.

모두가 유조선사업을 사양산업이라고 인식하던 그때, 프레드릭센은 오히려 유조선을 사들이기 시작했다. 1996년 그는 프런트라인Frontline이라는 스웨덴 해운사를 5500만 달러에 인수했고, 이후 3년 동안 환경친화적인 이중 격벽 유조선을 구입하는 데 열을 올렸다. 그는 시간이 지나면 석유기업들이 환경적으로 안전한 수송수단을 찾을 것이라 예측했고, 그때가 되면 하락세로 접어든 유조선사업이 활기를 찾을 것이라고 판단했다. 그리고 1999년 그의 예측은 현실로 나타났다. 노후한 유조선이 브르타뉴 해안에 원유를 유출시키는 사고가 터지면서 이중 격벽 유조선을 찾는 석유기업들이 급증한 것이다.

프레드릭센은 미래를 예측하고 누구보다 빨리 시장을 선점했다. 하지만 그가 성공할 수 있었던 진짜 비결은 조급해하거나 서두르지 않고, 예측한 미래가 다가올 때까지 '옳은 시간'을 들여 일을 준비했다는 데 있다. 만약 그가 결과가 아닌 속도를 추구했다면 수많은 사람들의 우려와 비난, 손가락질과 조롱에도 불구하고 3년이란 시간 동안 유조선을 사들이며 기회를 도모하는 일은 불가능했을 것이다.

그렇다면 '패스트 패션브랜드' 자라의 창업자 아만시오 오르테가는 어떨까. 디자인, 제조, 유통을 모두 자회사에서 담당해, 다른 의류업체와는 비교할 수 없는 빠른 속도로 신상품을 내놓는 것이 자라의 성공열쇠라는 사실은 모두가 알고 있을 것이다. 자라는 일주일에 두 번씩 신제품을 출시하고, 어떤 제품도 4주 이상 매장에 진열하지 않는 가공할 스피드 경영으로 고객의 마음을 사로잡고 있다. 그렇다. 자라의 시계는 다른 회사보다 월등히 빠르다. 자라엔 '빠른 시간'이 '옳은 시간'이기 때문이다.

오르테가 회장의 고향인 라코루냐는 해안지역으로 주민 대부분이 물고기를 잡아 생계를 유지한다. 어린 시절의 경험을 토대로 그는 '옷 장사는 생선 장사와 같다'는 철학을 키웠다. 신선도가 떨어진 생선을 팔 수 없듯 유행이 지난 옷은 팔 수 없다는 뜻이다. 유행이 지나가기 전에 빨리 고객에게 선보이는 것이 자라의 운영방식이고, 그렇기에 자라에서는 빠른 신제품 기획과 유통이 최상의 결과를 위한 기본과제가 되는 것이다.

시간 관리 전문가이자 시간 컨설팅회사 프랭클린 코비Franklin Covey의 부회장인 하이럼 스미스Hyrum Smith는 효과적인 시간 관리를 위해서는 "일의 순위를 매기라"고 조언한다.[8]

"새해 계획 따윈 세우지 마세요. 시간 낭비니까요. 올해는 살을 빼야지 혹은 책을 더 많이 읽어야지 같은 충동적인 신년 계획은 며칠을 가지 않아요. 적어도 5~6시간 혹은 며칠을 들여 내 인생에서 중요한 것들이 무엇인지 파악해 순위를 매겨야 해요. 삶에는 여러 가치가 있죠. 경제적으로 풍요롭게 사는 것, 자신의 직업에서 인정받는 것, 화목한 가정을 이끌어가는 것, 건강하게 살아가는 것…… 모두 인생에서 중요해요. 하지만 시간 관리를 위해선 우선순위, 즉 지배가치governing value를 생각해볼 필요가 있습니다. 이것들이 서로 상충할 때 다른 하나를 희생해야 하기 때문이죠. 결과적으로는 자신이 어떤 인간 유형으로 살고 싶은지 알아가는 과정입니다."

옳은 시간을 가늠하는 기준도 결국은 우선순위다. 자라의 경우처럼 '빨리' 시장에 내놓는 것이 성공의 열쇠라면 당연히 빠른 시간이 옳은 시간이 된다. 하지만 프레드릭센의 유조선사업처럼 때가 될 때까지 장기적인 투자가 필요한 일이라면, 준비하고 기다리는 긴 시간이 옳은 시간이 된다.

앙트레프레너닷컴이 소개한 여덟 명 중 한 명인 리자청 회장은 "다른 사람이 여덟 시간을 일하면 나는 열여섯 시간을 일한다"고 고백했다. 사업가의 가장 중요한 자질로 '끊임없는 학습'과 '혁신'을 꼽는 그는 성실하고 근면한 노력파로 유명하다. 그가 성장하는 데 있어 옳은 시간은 남들보다 두 곱절 더 많은 시간인 것이다.

피드백의 유통기한은
24시간

옳은 시간은 회사의 일반적인 업무에서도 중요하다. 타타대우상용차 사장으로 근무하던 시절 '24시간 룰'을 만들었던 적이 있다. 누구든 이메일을 받으면 24시간 내에 답신을 하도록 정한 것이다. 이런 제도를 만든 이유는 일부 임원들이 이메일에 답을 하지 않는 '기이한' 습관을 갖고 있었기 때문이다. 부하직원이 직접 찾아가 보고하는 방식에 익숙해 이메일은 무시해버리는 경우였다. 문제는 수많은 현안들을 매번 직접 보고받고 승인할 시간적 여유가 없다는 데 있었다. 미팅, 출장 등으로 자리를 비우는 경우가 많은 임원에게 대면 보고하기란 하늘의 별 따기 만큼 어려운 일이었다. 보고를 하지 못해 처리되지 못하는 일이 쌓이는 것은 명백한 손실이었기에 '이메일을 받으면 무조건 24시간 내에 답장해야 한다'는 규칙을 정해버린 것이다. 만약 좀더 고민이 필요한 사안이라면 '이메일을 읽었으며 언제까지 답을 주겠다'는 피드백이라도 24시간 내에 보내도록 했다.

24시간 룰은 시간의 측면에서뿐 아니라 소통의 측면에서도 필요한 규칙이었다. 원활한 업무 진행을 위해서는 유기적인 소통이 이뤄져야 한다. 유기적인 소통이란 상사와 직원이 부담이나 두려움 없이 편안하게 의견을 주고받을 수 있는 환경을 의미한다. 최악의 소통은 피드백이 없는 경우다. 특히 상사가 답신을 하지 않는다면 직원들은 여러 가지 상상의 나래를 펼치고, 상상의 결과는 대부분 부정적인 결론으로 끝맺는다. 직원들은 상사의 침묵을 자신의 의견에 동의하지 않거나 만족하지 않는다는 의미로 받아들이기 때문이다. 이렇게 피드백을 받지 못한 업무는 목적지를 잃고 방황하며 정체된다. 즉 상사의 침묵은 직원의 사기와 업무를 정지시키는 빨간 신호등과 같다.

인시아드 경영대학원의 장프랑수아 만조니Jean-Francois Manzoni 교수와 장루이 바르수Jean-Louis Barsoux 교수는 이 같은 상황을 필패 신드롬set up to fail syndrome이라고 칭했다. 본래 유능했던 직원들도 상사에게 무능력하다는 의심을 받게 되면(혹은 의심받는다고 생각하면) 업무능력이 저하되고 의욕을 상실하며 점차 무능한 직원으로 변한다는 것이 그들의 주장이다.

과거 며칠을 기다려야 피드백을 주거나 아예 답을 주지 않는 상사를 경험한 적이 있다. 처음에는 마냥 기다릴 수밖에 없었지만 그러다보니 처리되지 못한 채 쌓여가는 일이 많았다. 잦은 출장으로 전화

연결도 어려웠다. 결국 결정이 필요한 이메일을 보낼 경우 '답변이 없으면 제가 생각한 대로 진행하겠다'는 통보성 문안을 말미에 적었다. 상사의 승인보다 옳은 시간 내에 업무를 끝내는 것이 더 중요하다고 판단했기 때문이다.

물론 이런 경우는 상사에 대한 예의에서 다소 어긋난 행동으로 보일 수 있다. 침묵형 상사와 일하는 사람이라면, 과제를 시작하기 앞서 상사와 진행일정을 공유하고 피드백을 받는 프로세스를 미리 합의해두는 것이 도움이 된다. 과제계획서를 문서화하면서 과제목표와 진행방법 외에도 중간 회의나 보고서를 통한 커뮤니케이션 주기 등을 포함한다면, 시간의 누수 없이 효과적인 처리가 가능할 것이다.

보고는 1분, 보고서는 1장으로 '1의 황금률'

피드백이 빨리 이루어질수록 업무가 원활하게 진행되는 것과 마찬가지로, 보고 역시 되도록 빠르게 진행되는 것이 좋다. 보고는 1분, 보고서는 1장으로 축약하는 '1의 황금률'이 필요하다.

첫째, 핵심만 담아 1분 내로 말한다.

최고의 주례사는 '짧은' 주례사라고 한다. 우리는 주례사를 듣고자 결혼식을 가는 것이 아니라 신랑 신부를 축하하기 위해 참석한다. 그런데 많은 주례들이 하객들의 입장을 고려하지 않고 장황하고 지루한 축사를 늘어놓기 일쑤다. 만일 주례사를 1분 정도로 제한한다면, 주례는 정말 중요한 메시지가 무엇일지 어떻게 하면 짧은 시간 내에 가장 좋은 축사를 전할 수 있을지를 고민하지 않을까.

안타깝게도 많은 직장에서 보고는 주례와 비슷한 행위다. 상사의 고충 중 하나는 핵심도 없고 의미도 없는 장황한 보고를 듣는 일이다. 상사가 원하는 것은 분명하다. '그래서 뭘 어떻게 하겠다는 건데?' 경영 컨설턴트 켄 블랜차드Ken Blanchard는 『1분 매니저The One Minute Manager』에서 1분의 중요성을 강조한다.[9] 그에 따르면 유능한 상사는 직원들을 칭찬하거나 꾸짖을 때조차도 1분의 제한을 둔다고 한다. 간결한 행동은 장황한 말보다 훨씬 큰 효력을 발휘한다는 것이다. 직원들의 입장에서 1분 내로 보고를 마칠 수 있다는 것은 그만큼 머릿속에 업무의 핵심이 잘 정리돼 있다는 뜻이다. 보고에서는 1분, 즉 짧은 시간이 옳은 시간인 셈이다.

둘째, 보고서는 두괄식으로 결론부터 전한다.

이메일에서도 1분의 법칙이 필요하다. 월요일 아침, 당신의 메일함을 열어보자. 각종 스팸메일부터 업무 관련 메일까지 보통 수십 통의 메일이 쌓여 있을 것이다. 간신히 스팸메일을 피해 거래처에서 보내온 업무메일을 열었는데 엄청난 분량의 글이 적혀 있다면 어떻게 반응하겠는가. '이 사람, 이메일 쓰느라 몇 시간은 보냈겠군. 도대체 뭐라고 쓴 거야?'

하루에 평균 수십 통 이상의 이메일을 처리해야 하는 상사에게도 장황한 이메일 보고서는 거추장스러운 짐이 되기 쉽다. 이메일 역시 1분 안에 읽을 수 있는 분량이 최적이다. 결론부터 시작해 이 프로젝트가 가져올 기회, 문제점과 리스크에 대한 대안 제시의 순으로 핵심만 정리할 수 있어야 한다. 같은 방법으로 복잡한 업무보고서도 얼마든지 한 장으로 축약할 수 있다. 자료가 필요하면 뒷부분에 부록으로 첨부하면 된다.

직원들은 '바쁜 상사'를 신뢰하지 않는다

직장인들이 가장 싫어하는 상사는 어떤 상사일까? 무능력한 상사? 강압적인 상사? 답은 바로 '바쁜 상사'다. 바쁜 상사를 둔 직원들은 상사와 함께 많은 일을 처리하느라 같이 바쁠 수밖에 없기 때문이다.

바쁜 상사의 가장 큰 문제점은 '예측 불가능'이다. 예를 들어 이들은 바쁜 일정에 쫓기다보니 자신이 여유가 생겼을 때 갑자기 회의를 소집하거나 미리 정해둔 회의일정을 급작스레 변경하곤 한다. 회의는 하나의 약속이다. 아무리 유능한 상사라고 하더라도 이렇듯 약속을 밥 먹듯 어기는 상사는 불신의 대상으로 변질되기 쉽다. 과제의 기획 설정단계에서 점검회의나 과정 보고횟수와 형식을 사전에 합의한다면, 이런 불필요한 갈등은 크게 낮아질 것이다.

상사가 신뢰를 잃는 일보다 더 큰 문제는 시간이 낭비된다는 생각을 갖기 시작하면 직원들의 몰입도가 약화된다는 사실이다. 자신의 의지와 노력과는 별개로 시간을 비효율적으로 사용하게 된다면 당연히 몰입도는 떨어질 수밖에 없지 않겠는가. 상사라면 직원들의 시간을 존중하고 배려하며 아껴주는 것이 옳은 시간으로 일할 수 있도록 독려하는 방법일 것이다.

성과는 때로
업무시간 외의 시간에 창출된다

TBWA KOREA의 수석 크리에이티브 디렉터[ECD]로 일하고 있는 박웅현은 '2등은 아무도 기억하지 않는다' '넥타이와 청바지는 평등하다' '나이는 숫자에 불과하다' '사람을 향합니다' '진심이 짓는다' 같은 광고 카피와 캠페인으로 유명하다. 발군의 크리에이터인 그는 독특하게도 자신의 크리에이티브 뿌리로 인문학을 꼽는다. 마케팅이론서나 경영서에 탐독하던 동료들과 달리 고전과 동양사상만 파고들다가 웃음거리가 됐지만, 바로 그 '딴짓'이 성공적인 크리에이티브의 원천이 됐다는 것이다.[10]

셀퍼들이 내리는 옳은 시간의 또다른 정의는 '자신을 위한 시간'이다. 리자청 창장그룹 회장은 잠들기 전 30분간 반드시 문학, 철학, 과학, 경제 등 분야를 가리지 않고 책을 읽는다고 한다. 현대카드의 정태영 사장은 1년에 한 번씩 임원들과 함께 업무와는 전혀 상관없는 여행을 떠난다. 이른바 '인사이트 트립[insight trip]'이라 불리는 이 여행은 일에서 벗어나 새로운 경험을 쌓고 이를 통해 아이디어를 얻기 위한 제도다.

나 역시 직장에 몸담고 있던 시절, 퇴근 후 9시부터 한 시간 반 정도는 '생각하는 시간'으로 활용했다. 회사에서는 바빠 업무를 처리하느라 찬찬히 생각하지 못했던 문제들을 되돌아보는 시간이었다. 이때 떠올린 생각들이 다음날 회사에서 건설적인 제안으로 이어지곤 했다. 이는 과학적으로도 입증 가능하다. 위스콘신 대학의 리처드 데이비드슨 Richard Davidson 박사 연구팀은 1만 시간이 넘게 명상 수행을 해온 티베트 승려 175명을 대상으로 연구한 결과, 명상을 오래한 사람들은 좌측 전전두엽의 활동이 우측 전전두엽보다 두드러진다는 사실을 밝혀냈다. 좌측 전전두엽은 행복이나 기쁨, 낙천성, 열정과 관련된 뇌 부위다. 즉 자신만의 시간, 스스로에게 집중하는 시간을 오래 가질수록 행복을 주재하는 좌측 전전두피질이 불행과 고통, 긴장, 불안 등의 부정적인 감정을 주재하는 우측 전전두피질을 압도해버린다고 할 수 있다.

흔히 성과는 회사에서 얼마나 몰입하고 업무시간 동안 얼마나 효율적으로 일하느냐에 달려 있다고 생각한다. 하지만 셀퍼들은 회사 밖과 업무시간 외의 시간이 더 중요하다고 여긴다. 즉 딴짓과 다른 시간(자신만을 위한 시간)에서 얻은 경험과 생각이 성과의 밑바탕이 된다는 것이다.

물론 야근과 특근에 시달리는 직장인에게 딴짓과 다른 시간의 여유가 주어지기란 쉽지 않다. 과거 사장으로 근무할 당시, 고객지원부서와 판매조직, 현장을 제외하고는 하루 두 시간의 포커스 타임focus time을 갖게 한 적이 있다. 이 시간에는 설사 사장의 전화라도 받지 않도록 했다. 비록 다급히 처리해야 하는 현안이 많은 업의 특성상 성공적인 제도로 안착하지는 못했지만, 개인적으로도 포커스 타임을 갖는 것은 많은 도움이 되리라 생각한다.

시간은 누구에게나 한정된 자원이다. 셀퍼들은 그 자원을

'옳게' 사용하는 데 집중한다. 무조건 빨리 처리하기보다 그 일을 처리하기에 가장 최적의 시간을 고민하고 설정한다. '장기전'이 필요할 때는 몇 년을 기다리는 일도 불사하지 않으며, '빠른 시간'이 답일 때는 그 시간을 가공할 스피드로 축약시킨다. 단순히 속도의 문제만이 아니다. 결실을 맺는 데 필요한 시간, 휴식이나 명상, 여행, 독서 등도 셀퍼들에겐 옳은 시간이다.

당신은 어떤가? 빠른 시간, 효율적인 시간 외에 옳은 시간을 고민한 적 있는가? 시간에 대해 다양한 정의를 고민하고 연구하는 사람만이 그 시간을 가장 값지게 쓸 수 있는 법이다.

엉덩이로 파고들고, **머리**로 싸우며, **발**로 익힌다

캐럴 드웩 Carol S. Dweck 스탠퍼드 대학교 심리학과 교수는 성공의 3요소로 세상에 공헌하겠다는 욕망, 특정 분야를 향한 열정, 명예와 부에 대한 갈망을 꼽는다. 세계적인 대가들의 성공비결을 정리한 책『혼창통』은 모든 성공과 성취의 비결에는 세 가지 공통된 키워드 혼魂·창創·통通이 있다고 강조한다.11 즉 비전과 크리에이티비티, 커뮤니케이션이 성취를 위한 3대 요소라는 것이다.

그렇다면 일의 3요소는 무엇일까? '보람, 재미, 성장' 같은 가치를 떠올리는 사람도 있을 것이고 '집요함, 창의성, 열정' 같은 업무에 필요한 덕목을 생각하는 사람도 있을 것이다. 셀퍼들의 답은 다소 의외다. 그들은 '엉덩이, 머리, 발'을 꼽는다. 물론 신체기관 그대로를 지칭하는 것은 아니다. 끝을 볼 때까지 파고드는 집요함(엉덩이)과 기존과는 차

141
Part 2. '남의 답'으로 '내 문제'를 풀지 않는다

원이 다른 발상과 전략(머리), 직접 체험하고 확인하는 경험(발)의 3박자가 조화를 이룰 때 일이 완결성을 가질 수 있다는 것이다.

답은 떠올리는 것이 아니다, 나올 때까지 파고드는 것이다

광고회사 빅앤트는 한국 최초로 국제 5대 광고제(칸국제광고제, 뉴욕페스티벌, 클리오광고제, D&AD, 뉴욕원쇼)를 석권한 회사로 유명하다. 적에게 총구를 겨냥하고 있는 군인의 모습이 담긴 포스터를 원형기둥에 두르면, 그 총구가 자신의 등을 겨누게 되는 반전反戰 캠페인 '뿌린 대로 거두리라What goes around comes around', 투명 아크릴로 만든 사람 모양의 재떨이로 흡연의 폐해를 시각적으로 보여준 금연 캠페인 등이 모두 빅앤트의 작품이다. '미친 크리에이티브'로 세상을 놀라게 한 이들의 저력은 어디에서 비롯된 것일까. 빅앤트의 박서원 대표는 자신의 책 『생각하는 미친놈』에서 "미친듯이 묻고ask, 물었으면bite 끝장을 내라. 그것이야말로 당신을 크리에이티브로 이끌 가장 확실한 방법"이라고 설명한다.[12]

"많은 사람들이 창의성을 자유로움과 연관지어 생각하는 것 같다. 맞는 이야기다. 하지만 이때의 자유로움은 물리적인 자유로움이 아니다. 경계나 한계 없이 바라보고 생각할 때 독창적인 발상이 나오는 것이지, 게임하고 책 읽고 자유롭게 시간을 보낸다고 크리에이티브

해지는 것이 아니란 이야기다. 결과물은 공을 들인 만큼 나온다. 다른 사람보다 아이디어가 조금이라도 더 기발하고, 조금이라도 더 위트 있는 사람은 남들보다 한 시간이라도 더 고민하고 더 작업한 친구다.”

박대표는 “크리에이티브는 엉덩이”라고 정의한다. 창의적인 아이디어는 갑자기 내리치는 섬광이 아니라 오랜 시간 고민하고 연구한 결과물이라는 뜻이다. 크리에이티브라는 단어와 동떨어뜨려 생각할 수 없는 인물, 스티브 잡스 역시 집요함의 중요성을 강조한 바 있다.[13]

“나는 성공한 기업가들과 성공하지 못한 기업가들을 가르는 기준의 50퍼센트 정도는 순전히 ‘집요함’의 여부에 의해 결정된다고 확신한다.”

문제를 미연에 방지하고, 최적의 선택을 도출하는 ‘깐질김의 법칙’
무조건 오래 고민한다고 답이 나오는 것은 아니며, 집요하게 붙들고 늘어진다고 문제가 해결되는 것도 아니다. 엉덩이로 일하는 데도 요령이 필요하고 기술이 요구된다. 셀퍼들은 ‘깐질김의 법칙’을 활용한다. 깐질기다는 깐깐하고 질기다는 뜻을 갖고 있는 형용사다.

첫째, 이리저리 요모조모 상하좌우, 깐깐하게 따지고 든다.
커민스 아시아 담당 사장으로 일하던 시절, 거래처로서의 일본기업은 그 깐깐함의 정도가 경이로울 정도였다. 만일 공급한 제품이나 서비스에 문제가 발생하면 일본업체들의 반응은 대단히 심각하고 치밀했다. '왜 그런 문제점이 생겼는가?'에 대한 원인 분석에서부터 그 분석과정을 위한 시험자료, 그리고 재발을 방지할 대책 등에 대한 자료 및 실사까지 요구했다. 일견 불필요하다고 판단되는 시시콜콜한 부분까지 알고자 하는 것이다. 일본사업에서의 또다른 어려움은 각종 법규를 충족하는 일이었다. 예를 들어 선박 엔진을 판매하기 위해서는 일본 담당 행정부서 공무원들에게 검증을 받아야 했다. 공무원들은 엔진 제조공장을 방문해서 직접 생산라인에서 가공되는 부품들을 검수하고 각종 자료를 확인했다. 그들에게 대충, 얼렁뚱땅은 용납되지 않았다. 확인, 또 확인을 거친 뒤에도 "마지막으로 한번 더"를 외쳤다. 이런 깐깐함으로 파고드니 문제라는 것이 발생하려야 발생하기가 힘들었다.

페이스북의 창업자 마크 저커버그Mark Zuckerberg 역시 궁극의 깐깐함을 자랑한다. 최상의 선택을 위해서는 까다로울 수밖에 없다는 그의 태도는 채용과정에서 잘 드러난다. 저커버그의 성공DNA를 다룬 책을 보면 페이스북에 입사하기란 바늘구멍에 들어가는 일만큼 어렵다고 한다.[14]

페이스북 엔지니어링 부서에 지원한 사람들은 간단한 퀴즈를 푸는 첫 관문을 통과하면 프로그램을 짜는 과제를 해결해야 한다. 두번째 관문을 무사히 통과했다고 해도 마음을 놓긴 이르다. 페이스북이 치밀하게 준비한 면접을 무려 네 차례나 치러야 하기 때문이다. 뛰어난 인재라는 답을 얻기 위해, 이리저리 요모조모 검증하고 또 검증하는 깐깐함이 최고의 인재를 확보하는 전략인 셈이다. 저커버그는 이런 채용방식에 대해 자부심을 표한다.

"자신의 분야에서 뛰어난 기량을 갖춘 이들은 아주 훌륭한 사람들보다 조금 나은 정도가 아닙니다. 100배는 더 낫죠."

둘째, 될 때까지 물고 늘어진다.

'영국의 스티브 잡스'로 통하는 제임스 다이슨은 '5216전 5217기'의 신화로 유명하다.[15] 그는 먼지봉투 없는 최초의 진공청소기를 개발했는데, 개발에 성공하기까지 5216개의 시제품을 제작했다. 무려 5년 동안 연구와 개발에 매달릴 수 있었던 힘은 '될 때까지 물고 늘어지는 끝장정신'이었다. 한 번씩 실패를 거듭할 때마다 하나씩 문제를 개선해 갔고 마침내 완제품을 출시할 수 있었다. 한 대당 몇십만 원이 넘는 고가의 청소기가 유럽과 북미시장에서 1위를 달릴 수 있었던 비결은, 완벽에 대한 집요함에 있는 것이다. 1999년 첫 시제품을 선보였던 로봇 청소기는 아직도 개발중이다. 완벽한 제품이 되려면 더 많은 개선이 필요하다는 이유에서다.

다름은 창의가 아니라 전략이다

우리는 흔히 남다른 발상은 뛰어난 창의력에서 비롯된다고 생각한다. 하지만 기존과 다른 것, 즉 새로움은 '재능'이 아닌 '전략'이다. 네스카페^{Nescafé}에서 개발한 캡슐커피머신을 예로 들어보자. 이 제품이 출시됐을 때 사람들은 커피숍에 가야만 맛볼 수 있던 원두커피를 집에서도 손쉽게 만들어 먹도록 한 발상의 참신함에 놀라워했다. 2006년 유럽에서 처음 출시된 이후 전 세계 56개국에서 880만 대가 팔린 네스카페 돌체구스토의 성공비결로, 대부분의 사람들이 발상의 전환을 꼽았다. 하지만 실상은 다르다.

사실 애초에 네스카페는 카페나 식당을 고객으로 겨냥해 고압에서 커피를 자동추출하는 기계를 개발했다.[16] 원두를 갈고 커피를 내리는 번거로운 작업을 간편화해주면 업무의 효율성을 높일 수 있다는 판단에서였다. 그런데 시장의 반응은 싸늘했다. 네스카페가 불필요한 과정이라 여겼던 일을 바리스타들은 자신들 고유의 일이라고 생각하고 있었기 때문이다. 타깃 고객의 니즈를 전혀 자극하지 못하는 상품을 개발했다니, 당신이라면 어떻게 하겠는가.

네스카페는 고민에 빠졌다. 분명 간편한 커피머신은 효용성과 가치가 충분했다. 그렇다면 어떻게 성공시킬 수 있을까. 일단 이 제품은 당연히 커피를 좋아하는 사람들이 관심을 보일 것이다. 그래서 커피를 즐기는 사람 중에 간편함을 바라는 사람들이 누구일까를 생각했다. 식사를 마치면 습관처럼 원두커피를 사 마시는 사람들이 떠올랐다. 만약 그들에게 더욱 저렴한 가격으로 원두커피를 마실 수 있는 방법을 제시하면? 반응이 오겠다는 확신이 들었다. 그래서 고급 원두커피를 언제 어디서든 편하게 즐기고 싶어하는 일반인으로 고객을 재설정하고 지금의 캡슐커피머신을 만든 것이다. 즉 네스카페의 성공은 창의가 아닌 전략의 힘이었다.

출발지가 달라야 도착지도 다르다, 관점의 힘

머리로 싸우는, 즉 전략으로 일하는 가장 좋은 방법은 출발부터 다르게 하는 것이다. 다른 관점이 다른 생각을 만든다.

지금 당신 앞에 연필 한 자루가 있다고 해보자. 이것은 어디에 쓰는 물건일까? 가장 많은 답은 무언가를 적기 위한 도구일 것이다. 이것이 일반적인 관점이다. 그런데 이 연필의 쓰임은 단지 필기에 그치지 않는다. 머리를 묶어야 하는데 핀이 없는 사람에겐 비녀처럼 사용될 수 있고, 조각가에겐 하나의 작품을 만들기 위한 좋은 소재가 될 수도 있다. 실제로 연필심을 미세하게 깎아 인물, 건물 등을 형상화한 연필 공예예술이 세간의 관심을 끈 적도 있다.

비영리단체 '펜팬'은 연필을 또다른 관점에서 바라본 집단이다. 이 단체의 설립자인 박춘화 대표는 연필을 '아이들의 미래를 지원하는 꿈의 도구'로 봤다. 필기구가 없어 제대로 공부할 수 없는 오지의 아이들에게 안 쓰는 펜을 모아 보내주는 뜻깊은 사업이 기존과는 다른 관점에서 탄생한 셈이다.

과거 최고경영자 시절, 어떤 사안을 논의할 때 담당자에게 습관적으로 "다른 방법은 뭐가 있을까요? 어떻게 하는 것이 좋다고 생각합니까?"라는 질문을 던지고는 했다. 이미 좋은 시나리오를 갖고 있다고 해도, 비틀어서 생각하고 다른 방법을 고민하는 데서 완벽한 시나리오가 나온다고 믿었기 때문이다.

몸으로 얻은 지식은
절대 잊히지 않는다

흔히 어린 시절 배운 운동은 어른이 되어서까지 몸이 기억한다고 한다. 초등학교 때 수영을 배우고 성인이 될 때까지 한 번도 물에 들어가지 않은 사람이라도, 물에 들어가면 자연스럽게 뜰 수 있다는 논리다. 뇌의 용량엔 한계가 있지만 몸의 용량엔 한계가 없다. 이것이 현장과 경험의 힘이며 암묵지tacit knowledge가 중요한 이유다.

암묵지란 경험과 학습을 통해 개인에게 체화돼 있지만 명료하게 언어로 표현할 수 없는 지식을 뜻한다. 기업에서의 암묵지는 주로 현장의 경험을 통해 개인에게 쌓인 체험적 지식이나 육감이다.[17] 즉 발로 뛰며 체득한 지식이라고 할 수 있다.

타타대우상용차 사장으로 근무하던 시절, 팀장급 이상 50여 명의 리더들에게 상용차 기사들과 현장을 돌도록 지시했다. 실제 고객인 운전자들이 어떤 환경에서 일하고 어떻게 차량을 운행하는지, 직접 보고 파악하라는 의도였다. 대부분의 경우 고객이 제품을 사용하면서 제기하는 불만사항은 고장이나 서비스 문제 등 하드웨어에 치우쳐 있다. 이런 불만을 서비스센터를 통해 듣는 데 익숙해지면, 정작 해당 산업에 대한 안목은 줄어들게 된다. 운송업이라는 큰 그림을 보지 못하고 차량 생산업이라는 작은 그림밖에 보지 못하게 되는 것이다. 따라서 이런 체험적 관찰을 통해 담당자들이 고객과 회사의 업에 대해 정확히 이해할 수 있도록 유도했다.

이런 지시는 개인적인 경험에 기반한 것이기도 했다. 2010년 초 인천의 정비센터를 방문했을 때였다. 우연히 한 트럭 운전사를 만나, 타타대우의 트럭을 운전할 때 불편함은 없는지 좋은 점은 무엇인지를 꼬치꼬치 깨물었다. 그런데 그는 아무런 답도 하지 않고 그저 물끄러미 바라보는 것이 아닌가. 얼마의 시간이 흐른 뒤, 그의 입에서 흘러나온 이야기는 얼굴을 빨갛게 달아오르게 만들었다.

"트럭회사 CEO시라면서요? 그런데 직접 트럭을 몰아본 적이 없으신 겁니까?"

현장의 지식을 '귀'로 들으려고만 했지, '발'로 구하려고 하지는 않았던 스스로가 부끄러워 몸 둘 바를 모를 지경이었다. 곧 운전학원에 등록했고 2개월 만에 트럭 면허를 딸 수 있었다. 역시나, 직접 몰아보니 그동안 알지 못했던 문제점들이 단번에 발견됐다. '운전대에 조작 버튼이 너무 많고 그 배열이 좁아 불편하다' 같은 구체적인 의견을 실무진에게 전해 디자인을 개선할 수 있었던 것도 직접 운전해봤기에 가능했다. 이후로도 틈틈이 트럭을 몰고 나갔다. 휴게소에서 트럭 운전자들의 이야기를 들어보면 고객에 대해 보다 세밀히 이해할 수 있었다. 예를 들어 트럭 운전사들은 대부분 장거리를 이동하는 경우가 많기에 트럭에서 쪽잠을 자는데, 공간이 협소해서 자도 잔 것 같지 않다는 푸념을 들었다. 이를 토대로 트럭 내의 누울 수 있는 공간을 최대한 확보한 설계 변경을 이루도록 했다. CEO가 트럭을 몰고 다니니 자연스럽게 임원들과 팀장들도 트럭 면허를 따게 됐고, 이런 과정을 통해 좀더 고객의 눈높이에 맞추는 기업이 될 수 있었다.

몸으로 지식을 얻으려는 시도는 계속됐다. 해외업체 방문시에 회의 전 공장을 들러본 후 그 회사에서 생산하는 트럭을 몰아보는 것이 습관이 됐다. 유럽의 한 업체를 방문했을 때는 눈이 많이 내린 도로를 근 한 시간 정도 대형 트레일러를 몰고 주행해본 적도 있다. 대형 트레일러는 길이가 15미터가량 된다. 따라서 코너를 돌 때 앞바퀴와 뒷바퀴의 회전반경을 잘 계산하지 않고 운전하면 위험할 수도 있다. 자칫 외국 도로에서 트럭을 몰다가 사고를 일으킬 수도 있었지만, 잘 만든 트럭을 몰면서 기술적으로 앞선 유럽브랜드의 제품력을 관찰하는 것은 그만한 위험을 감수할 가치가 있다고 생각했다.

일본의 경영학자인 노나카 이쿠지로野中郁次郎 역시 암묵지를 쌓기 위한 최적의 방법으로 현장 경영을 강조한다. 그의 책『생각을 뛰게 하라イノベーションの知恵』에 등장하는 일본의 대형 철도회사 동일본여객철도東日本旅客鐵道의 사례를 보자.[18]

지하철 역내에 식품관을 만들기 위한 프로젝트를 시작하면서 담당 팀장은 무조건 몸으로 부딪쳤다. 그는 자료가 가득한 서류 더미는 거들떠보지도 않았다. 대신 3일 동안 첫차가 다니기 시작할 때부터 막차가 종착역에 도착할 때까지, 하루종일 지하철역에 주야장천 앉아서 이용객을 관찰했다. 실제 구매자들이 무엇을, 어떻게 구매하는지의 정보는 발로 뛰어서만 얻을 수 있다고 판단한 것이다. 이후에도 모든 브랜드의 생크림 케이크를 시식하고 경쟁매장 등을 찾아서 인테리어, 메뉴 구성 등을 조사하며 만전을 기했다. 이런 노력은 성과로 이어져 이 식품관을 방문하기 위해 철도를 이용하는 고객이 늘어났다고 한다.

현장 경영의 새로운 패러다임, EBWA

비즈니스맨뿐 아니라 경영자에게도 발로 얻는 지식은 중요하다. 경영자들에게 지식이란 사업계획에 대한 자료도 있겠지만, 자신이 경영하는 회사 임직원에 대한 정보도 포함된다. 이에 많은 경영자들은 소위 'MBWA Management by Walking Around', 즉 직접 현장을 돌아다니며 작업자들이 제대로 열심히 일하는지를 살펴왔다.

하지만 앞으로는 'EBWA Encouragement by Walking Around'가 더 중요시되어야 한다. 직원들이 안전하고 불편함이 없는 환경에서 일하고 있는지를 살피고, 새로운 아이디어를 통해 혁신과 개선을 이뤄낸 직원을 격려하는 현장 방문이어야 한다는 뜻이다. 물론 이런 현장 중심적 경영은 시정해야 할 문제나 방식을 살펴볼 수 있는 좋은 기회도 된다. 단 현장에서 바로 시정을 지시하기보다는 직원들이 스스로 변화를 일으키도록 유도하는 것이 좀더 효율적인 접근이다.

바쁜 직장에서 소통은 점점 힘들어진다. 안타깝게도 많은 직장에서 소통은 실종되고 그 자리를 호통이 대신하고 있다. 더욱이 상사와 직원이 일대일로 대화할 수 있는 절대적인 시간도 부족하다. 월스트리트저널의 조사결과(152쪽 그림)를 보면 오늘날 많은 경영자들이 직원들과의 소통에 얼마나 인색한지 알 수 있다. 월스트리트저널은 65명의 CEO를 대상으로, 주당 평균 55시간의 업무시간을 어떻게 쓰고 있는

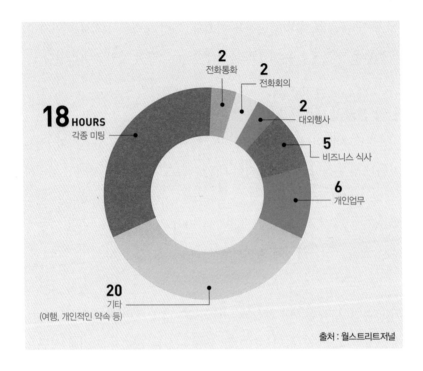

출처 : 월스트리트저널

지 조사했다. 그리고 그들이 시간을 완전히 잘못 사용하고 있다고 지
적하며 이를 '시간 위기time crunch'라고 표현했다.

최근 매킨지McKinsey는 전 세계 1500명의 중역들이 어떻게 시간
을 보내는지에 대한 조사결과를 발표했다. 발표에 따르면 비효율적으
로 일하고 있다고 스스로 평가한 중역들은 고객들의 문제점 해결 등
에 보통 그룹들보다 훨씬 더 많은 시간을 보낸다고 한다. 반면에 효과
적이고 만족스럽게 일한다고 답한 중역들은 34퍼센트의 시간을 외부
의 다양한 이해관계자들과 소통하는 데 보내며 39퍼센트 정도를 내부

회의 그리고 2퍼센트 정도를 혼자 일하는 시간으로 할애한다. 이들은 일대일 회의나 화상회의 등 상대방과 얼굴을 보면서 즉각적인 소통을 하고 있는 것으로 밝혀졌다.

스토리지 저장업체 넷앱NetApp은 『포춘』이 선정한 '미국에서 여섯 번째로 일하기 좋은 회사'다. 이 회사의 톰 멘도자Tom Mendoza 부회장은 관리자급 매니저들에게 특별히 칭찬할 만한 일을 한 직원들을 찾아내어 알려달라는 주문을 했다. 그리고 매일 10~20여 명의 직원들을 불러 직접 감사를 표한다고 한다. 일하기 좋은 기업 27위로 선정된 데번 에너지Devon Energy의 최고경영자 역시 과제를 훌륭하게 수행한 직원들에게 직접 이메일을 보내 격려하며, 정기적으로 직원들과 점심식사를 한다.

최고경영자로 일하던 시기, 해외출장이 없으면 일주일에 세 번 정도는 점심식사를 직원들과의 만남의 장으로 활용했다. 사전에 인사 담당 직원을 통해 해당 직원들의 가족관계, 취미, 수행한 과제 등에 대해 공부하는 것도 잊지 않았다. 직원들은 최고경영자와 식사를 같이 하는 것 자체에도 의미를 두지만 본인에 대한 구체적인 정보를 경영진이 꿰고 있다는 사실에 매우 긍정적으로 반응했다.

발로 움직이기가 어렵다면 눈이라도 맞추고자 하는 이런 작은 노력이 회사의 원활한 소통을 이끌고, 결과적으로 연대의식을 형성한다는 사실을 명심하자.

사람에겐 미안해도,
일엔 미안해지지 않는다

대기업 영업부에 근무하는 강대리는 상품기획실 김대리 때문에 복장이 터질 지경이다. 영업부와 기획실이 할 일이 엄연히 따로 있는데, 김대리는 번번이 영역을 '침범'한다. 오늘도 김대리가 자신에게 논의도 없이 거래처에 상품을 홍보하는 메일을 보냈다는 사실을 알게 됐다. 공들여 기획한 상품이 좀더 잘되길 바라는 마음이야 이해 못할 바는 아니다. 하지만 자신과 상의하면 될 것을 왜 담당자를 '스킵'하고 혼자서 처리하는지에 대해서는 도무지 이해가 가지 않아 답답할 따름이다.

'나를 못 믿겠다는 거야? 지가 더 잘한다는 거야, 뭐야?'

결국 이번엔 그냥 넘어갈 수 없다는 생각에 김대리에게 티타임을 청했다.

"김대리님, 제 이야기 오해하지 않고 들어주셨으면 좋겠습니다.

회사가 부서를 나누고 각 담당자를 배치하는 건 다 그만한 이유가 있는 거 아니겠습니까? 대리님 능력이 뛰어나시고 일에 대한 열정이 넘치시는 것, 잘 알고 있고 본받아야겠다고 생각하고 있습니다. 그렇지만 제가 할 일까지 대리님께서 대신하시는 건 사실 좀 불편하고 불쾌합니다."

"아, 강대리님. 죄송해요. 저는 죄송해서…… 제가 워낙 일을 많이 벌이고 또 빨리 처리하려고 하는 스타일이지 않습니까? 아무래도 번번이 강대리님에게 부탁하기가 미안해서요. 그래서 그냥 제가 하면 강대리님도 좀 덜 힘들지 않을까 싶었던 것뿐이에요. 다른 뜻은 없습니다."

직장생활을 하다보면 누구나 한 번쯤 김대리 같은 상황에 처한 적이 있을 것이다. 김대리처럼 다른 사람의 일을 대신하지는 않았다 해도, 동료의 눈치를 보다가 일을 제대로 추진하지 못하는 경우가 생길 수 있다는 의미다.

회사생활에서 일만큼 힘든 것이 사람이다. 혹시 관계가 틀어지지는 않을지, 상대에게 부담을 주는 것은 아닐지 하는 염려는 일을 추진하는 데 걸림돌로 작용한다. 기획실은 영업부의 영업방식이 이 상품에 적합하지 않다고 생각하지만, 괜한 잡음이 일까 싶어 속만 끓이며 바라본다. 디자인실은 기획실이 구상한 상품이 시대에 뒤떨어졌다고 판단하면서도, 월권이라는 생각에 그저 넘어온 대로 디자인을 구현한다. 사람에게 미안해지지 않으려다 가장 중요한 일에 미안해지는 상황이 벌어지는 셈이다. 하지만 일이 제대로 이루어지지 않으면 결과적으로 직장 내 인간관계도 원활히 흘러가기 어렵다.

회사의 시작도 끝도
결국은 일이다

이명우 동원그룹 대표이사는 삼성전자 미국 가전부문 대표, 소니코리아 사장, 한국코카콜라 회장 등을 역임하며 정글 같은 글로벌시장을 호령한 마케팅계의 명사령관으로 유명하다. 미국에서 근무할 때는 현지에서도 경영능력을 인정받아 1999년 미국 ADL이 가전업계 발전에 공헌한 사람에게 수여하는 '국제휴머니테리언상S. David Feir International Humanitarian Award'을 수상하기도 했다. 2001년 말 삼성전자의 경쟁사인 일본 소니로 스카우트됐을 때는, 당시 아시아·태평양지역 최초의 현지인 출신 소니 최고경영자로 화제에 올랐다.

그가 삼성전자 미국 가전부문 대표에 재직할 당시의 일이다. 당시 삼성은 HDTV를 새로운 전략제품으로 삼아 미국시장에서의 도약을 꿈꾸고 있었지만, 시장도 성숙되지 않고 가격경쟁력도 부족해 적자에 허덕이는 실정이었다. 결국 본사에 있는 TV사업부에서 '시장이 성숙될 때까지 미국에서는 판매를 중단하자'는 의견을 전해왔다. 새해 초, 회사 전체의 연례 전략회의에 참석하기 위해 본사로 돌아온 이대표에게 발언기회가 주어졌다. 그 내용은 그의 책 『적의 칼로 싸워라』에 자세히 소개돼 있는데 옮겨보면 이렇다.[19]

"맥도날드에는 세 개의 사업부가 있다고 합니다. 햄버거사업부, 감자사업부, 그리고 음료수사업부입니다. 그런데 햄버거는 경쟁사의 낮은 가격대에 맞춰 1~2달러에 파는 가격경쟁을 하다보니 늘 적자를 면치 못한다고 합니다. 평균 30퍼센트 정도가 적자랍니다. 반면에 감자는 40퍼센트 정도 흑자, 음료수는 60퍼센트 정도 흑자가 난다고 합니다. 감자와 콜라를 팔면 이익이 남는데 햄버거는 팔면 팔수록 손해라는 거지요. 그렇다고 맥도날드가 이제부터 이익이 나는 감자와 콜라만 팔고 햄버거는 팔지 않겠다고 한다면 어떻게 되겠습니까? 햄버거를 팔지 않는 맥도날드가 얼마나 오랫동안 맥도날드 간판을 달 수 있을까요? 마찬가지로 TV를 팔지 않는 가전회사가 어찌 주류 가전회사라고 할 수 있겠습니까?"

맥도날드의 사례에 빗대, 미국에서 TV 판매를 계속하겠다는 의지를 우회적으로 피력한 것이다. 이를 계기로 미국시장에서 TV사업의 중요성에 대한 논의가 이뤄졌고 덕분에 이후로도 계속 TV를 팔 수 있었다고 한다.

이명우 대표이사와는 개인적인 친분이 있는데, 언제가 이 에피소드와 관련해 큰 아쉬움이 남는다고 털어놓은 적이 있다. 전체 임원들이 모인 자리에서 이런 이야기로 상대 사업부의 입장을 곤혹스럽게 한 것이 제대로 된 커뮤니케이션이었는지, 지금 생각해보면 의문이 든다는 것이었다. TV 판매 결정이 그의 의도와는 다르게 해당 사업부의 손실 부담에 대한 해결 없이, 회사 전체의 논리에 의해서만 이루어진 것이 두고두고 마음에 걸린다고도 했다.

그는 개인적으로 후회가 남는 기억이라고 했지만 이 에피소드가 주는 시사점은 명확하다. 셀퍼들은 사람에게 미안해지지 않기 위해 눈치보다가 일을 그르치지 않는다. 그들은 오직 일에 미안해지지 않기 위해 노력한다. 즉 일의 효과적인 추진을 가장 최우선순위에 놓는 것이다.

누구나 알고 있는 사실이지만 회사의 존재목적은 일이다. 일을 해서 수익을 창출하는 것을 목표로 존재한다. 그렇다면 가장 먼저 고려되고 가장 중요시되어야 하는 대상 역시 일이 아니겠는가.

물론 사람과의 관계 따윈 신경쓰지 말고 일에만 몰입하라는 뜻은 결코 아니다. 일을 중심으로 생각하고 행동하라는 뜻이다. 업무에서 문제가 발생했을 때 상사의 호통과 문책은 잘못된 일을 향한 것이다. '사람'이 아니라 '일'에 대한 질책이다. 그러니 괜히 마음에 담아두거나 위축될 필요 없다. 문제를 효과적으로 해결하고 다음부터 같은 문제가 반복되지 않도록 방지하면 그만이다. 다른 부서 사람이나 후배에게 일에 대한 의견을 제시하는 것은 참견이 아니라 협업이다. 설사 당시에 불쾌함을 느끼는 사람이 있을 수도 있겠지만, 일이 잘 마무리된 후에 웃으며 악수할 수 있는 것이 직장 내 동료관계라는 사실을 명심해야 한다.

미국의 대표적인 식품기업 중 하나인 캠벨 수프 컴퍼니Campbell Soup Company는 2001년 직원들의 업무 몰입도에 대한 갤럽 조사에서 포춘 500대 기업 중 꼴찌라는 불명예를 안았다.[20] 3명 중 2명은 대충이라도 어쨌든 일하고 있지만 1명은 게으름을 피우고 있다는 결과가 나온 것이다.

하지만 더글러스 코넌트Douglas Conant가 CEO로 취임하면서 변화가 시작됐다. 2010년 업무 몰입도는 17 대 1로 상승했는데, 18명 중 1명만이 일에 몰입하지 못한다는 뜻이다. 글로벌기업의 평균 업무 몰입도가 9 대 1이라는 사실을 감안하면, 이 수치가 얼마나 대단한지 알 수 있을 것이다. 이토록 놀라운 변화를 이끌어낸 비결과 관련, 코넌트는 국내 매체와의 인터뷰에서 이렇게 설명했다.

"따뜻한 마음으로 직원들의 삶을 돌보면서, 동시에 엄격한 마인드로 직원들에게 높은 성과를 요구했기 때문이다."

이것이 일을 최우선으로 놓고 일하면서 사람과의 관계도 망가뜨리지 않는 비결이다. 셀퍼들은 설사 사람에겐 미안하더라도 일에 미안해지는 상황을 만들지 않고자 노력하지만, 기본적으로 함께하는 사람에 대한 배려를 잃지 않는다. 평소에 동료들과 강한 신뢰를 구축해놓고, 그래서 추후 일에 대한 이견이 생기더라도 갈등이 빚어지는 불상사를 방지한다. 코넌트 역시 신뢰가 있다면 오해는 발생하지 않는다고 강조한다.

"측근은 나를 계속해서 영리한 사람으로 남아 있도록 도와준다. 측근이라면 두려워하지 않고 나에게 자신의 의견을 말할 것이다. 이들은 절대 포기하지 않고 일과 일 이외의 인생에서 목표를 달성하도록 나를 도와줄 것이다."21

"스티븐 코비의 명저 『신뢰의 속도』The Speed of Trust에는 '(신뢰는) 모든 것을 바꿀 수 있는 한 가지'라는 부제가 붙어 있다. 진짜 옳은 말이다. 믿을 수 있는 사람과 일을 하면 모든 일이 쉽게 이루어지게 마련이다. 반면 신뢰할 수 없는 사람과는 함께할 수 있는 일은 없다."[22]

회사의 시작도 끝도 결국은 일이다. 그래서 셀퍼들은 일을 중심으로 사고하고 행동한다. 하지만 동시에 일의 중간에 중요한 존재, 즉 사람이 있다는 사실도 잊지 않는다. 그래서 평소 사람들과의 공감대를 형성하고 신뢰를 쌓는 일도 게을리하지 않는다. 그렇게 구축된 신뢰가 일을 할 때 불필요한 잡음이나 오해를 방지한다는 사실을 알기 때문이다.

상대를 배려하면서 자연스럽게 협력을 이끄는 커뮤니케이션의 비밀
앞서 말했듯 최상은 상대와 뜻을 모아 효율적으로 협업하는 것이다. 이를 위해서는 효과적인 커뮤니케이션이 중요하다.

첫째, '제안'하지 말고 '질문'하라.

팀원들에게 과제를 부여하거나 다른 팀에 지원을 요청하기에 앞서, 성취하고자 하는 프로젝트의 목표를 공유하고 공감을 얻어내는 과정이 필요하다. 즉 과제에 대한 서로의 눈높이를 맞추는 일이 필수적이라는 뜻이다. 이 과정을 너무 일방적으로 또는 간략히 접근하면,

상대는 주어진 일이니 어쩔 수 없이 처리해야 한다는 수동적인 입장을 취할 수밖에 없다. 과제를 제시한 사람과 수행하는 사람이 분리되는 결과를 초래하는 것이다.

만약 앞의 김대리처럼 자신이 기획한 상품의 영업에 대해 좋은 아이디어가 있다고 가정해보자. 영업부 강대리와의 회의에서 "이렇게 해야 하지 않을까요?" 하고 제안한다면 상대는 반발심을 느끼기 쉽다. '자기가 영업에 대해 뭘 얼마나 안다고' 같은 생각이 드는 것이다. 이때 필요한 것이 '열린 질문'이다. "어떤 방법이 좋을까요?"라는 질문을 통해 상대가 미처 고려하지 않았거나 생각하지 못한 문제들을 고민할 수 있도록 해야 한다. 자신이 생각한 아이디어는 상대가 떠올린 아이디어들을 논의하는 과정에서 자연스럽게 언급하는 전략이 효과적이다.

이는 부하직원에게 업무를 지시하는 상사도 마찬가지다. 한 연구 결과에 의하면 겉에 보이는 것과 달리 모든 일개미들이 일을 열심히 하는 것은 아니라고 한다. 자세히 관찰해보면, 일개미의 20퍼센트 정도만이 제대로 일을 하고 70퍼센트 정도는 좀더 중요한 일을 하기 위해 휴식을 취하고 10퍼센트 정도는 아예 일을 하지 않는다고 한다.[23] 직장도 다르지 않다. 모든 직원이 일에 매진하고 있는 것은 아니다. 하지만 모든 직원은 자신이 바쁘다고 생각한다. 이미 충분히 바쁘다고 생각하는 직원들이 가장 싫어하는 것 중 하나는, 새로운 과제가 본인의 의견을 개진할 기회조차 없이 주어지는 것이다. 즉 해야 할 일이 추가되는 것이다.

상사의 부가가치는 직원들이 미처 생각 못한 부분을 스스로 찾아가도록 유도할 때, 직원들에게 자발적으로 일할 수 있는 동기를 부여할 때 발생한다. 상사가 과제를 일방적으로 선정해 지시하면, 그 과제에 대한 생각의 주인은 상사가 되고 과제를 수행하는 직원은 단순히 그 생각을 수행하는 노동자로 전락한다. 업무를 지시할 때도 자신의 생각을 전달하기보다 직원 스스로 일을 어떻게 처리할지를 결정할 수 있도록 질문을 통해 이끄는 과정이 필요하다. 사실 직원들 입장에서는 주어진 일에 대한 질문이나 자신의 의견을 개진하는 데 큰 부담을 느낄 수밖에 없다. 그렇기에 상사가 먼저 질문을 던져 직원들이 의견을 펼칠 수 있는 멍석을 깔아주는 일이 중요하다.

둘째, '회의시간'보다 '휴식시간'을 활용하라.

2012년 『하버드 비즈니스 리뷰』에 발표된 알렉스 샌디 펜트랜드 Alex Sandy Pentland MIT 교수의 실험결과는 무척 흥미롭다.[24] 그는 은행의 전화 응답서비스를 수행하는 회사를 상대로 실험을 진행했다. 해당 은행의 경영자들은 같은 은행의 콜센터에서 일하는 팀들의 성과가 왜 다른가에 대한 원인을 찾을 수 없어 고민했다. 대표적인 성과지표는 고객만족도나 상담에 걸린 평균 시간 등이고 콜센터 직원들은 대체로 그 능력이나 교육수준이 비슷하다. 그런데도 왜 성과가 확연히 갈리는 걸까.

펜트랜드 교수는 비슷한 수준의 역량을 갖춘 팀들을 선정한 후, 각 팀원들에게 소형 전자배지를 부착해 6주 동안 그들이 어떻게 소통

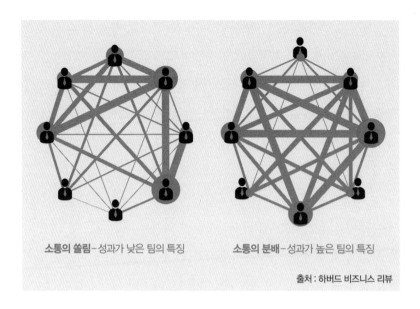

소통의 쏠림 - 성과가 낮은 팀의 특징   소통의 분배 - 성과가 높은 팀의 특징

출처 : 하버드 비즈니스 리뷰

하는지를 분석했다. 추적장치는 그들이 얼마나 자주 어떤 형태의 소통을 하는지에 대한 자료를 제공했다. 분석결과 '무엇을 소통하느냐보다 어떻게 소통하는가'가 성과에 가장 중요한 영향을 미치는 요소로 나타났다. 더불어 성과가 좋은 팀원들은 회의실 밖에서 더 많은 소통을 한다는 사실도 드러났다.

이를 토대로 성과가 저조한 팀의 팀원들에게 매번 같은 시간에 휴식시간을 갖도록 하자 놀라운 상황이 펼쳐졌다. 단 몇 개월 만에 성과가 거의 20퍼센트 향상한 것이다. 공동의 휴식시간에 서로가 얼굴을 보면서 좀더 긴밀히 소통하거나 다른 팀들과 교류하면서 새로운 아이디어를 나누게 됐기 때문이다.

무엇보다 휴식시간의 이점은 이 시간의 논의를 업무로 받아들이지 않는다는 데 있다. 회의시간보다 상대적으로 덜 경직돼 있기 때문에 대부분의 이야기를 편히 수용할 수 있다. 만약 다른 팀 팀원이나 동료에게 업무와 관련 어려운 요청을 할 경우라면, 휴식시간을 이용해 자연스럽게 전달하는 것이 효과적인 커뮤니케이션이 될 수 있는 것이다.

리더는 사람에게 미안한 것이
곧 일에 미안한 것이다

"직원들이 제일 싫어하는 리더가 누군지 아세요? 매일 소리지르고 자기 뜻대로 하는 독불장군? 직원들에게 주는 돈에 벌벌 떠는 좀생이? 아니에요. 일 못하는 리더예요. 성격이야 어차피 그 사람하고 친구할 것도 아니고 나쁘든 말든 상관없죠. 성격이 좋으면 당연히 좋겠지만 나빠도 참을 수 있어요. 하지만 일 못하는 리더는 절대 답이 없어요, 답이."

얼마 전 입사 3~4년차의 직장인 모임에 나갔다가 듣게 된 이야기다. 무능력한 상사에 대한 비판은 바꿔 생각하면 결국 직원이나 리더나 그를 평가하는 기준은 '일'이라는 사실을 알게 해준다. 다만 그 일의 본질이 무엇이냐는 점에서는 다소 차이가 있다. 직원에게 일은 '실무'지만 리더에게 일은 '관리'다. 바꿔 말해 리더는 사람에게 미안한 것이 곧 일에 미안한 것이다. 사람에 미안하다는 것은 관리에 문제가 있었다는 것이고 곧 일을 제대로 하지 못했다는 뜻이니 말이다.

앞서 살펴본 메이난제작소의 하세가와 가쓰지 회장은 "직원들에게 중요한 문제가 발생했을 때 그 문제를 해결해주는 것이 리더의 역할"이라고 강조한다.[25] 그에 따르면 회사는 직원의 문제를 해결해주고 직원은 회사의 문제를 해결해주는 것이 올바른 경영이다.

커민스코리아 대표이사 시절, 직원들이 해외출장을 떠나면 그들의 가족들에게 직접 전화를 해 안부를 묻곤 했다. 그리고 어린아이가 아프거나 집안에 도움이 필요한 일이 발생했을 때 출장중인 직원에게 연락하지 말고 회사에 연락하면 차량 지원 등 모든 도움을 제공하겠다고 약속했다. 직원들을 위해 할 수 있는 작은 일들을 하는 것이 경영의 시작이라고 여겼기 때문이다.

리더십의 대가 켄 블랜차드는 "당신이 봉사하는 마음을 가지고 있지 않다면 회사는 당신을 리더로 선발하지 않았을 것이다"라고 말한 바 있다.[26] 즉 리더는 직원에 대한 봉사, 즉 직원이 가장 능률적으로 일할 수 있는 환경을 조성해주는 것이 그가 해야 할 가장 중요한 일이다.

메이난제작소의 사장실은 굉장히 잘 꾸며져 있다고 한다. 하지만 그곳은 직원들의 회의실로 사용된다. 사장은 계단 가까이에 위치한 공간에 책상을 놓고 일하거나 빈 책상에 앉아 일을 한다. 직원 중 80퍼센트 정도는 회사 주식을 보유하고 있고, 사장도 주주총회에서 1인 1표로 재신임을 받는다. 사장도 직원을 뽑지만 직원도 사장을 뽑는 셈이다. 사무실 분위기부터 권한 행사까지, 직원들이 주인의식을 갖고 일할 수 있는 최적의 환경이라고 할 수 있다.

　지금까지 메이난제작소 직원 중 대기업 스카우트 제의를 받고 회사를 떠난 사람은 단 한 명도 없다고 한다. 아무리 일본의 기업문화가 보수적이라는 사실을 감안해도 대단한 기록이다. 높은 연봉과 대기업 타이틀에 단 한 명도 흔들리지 않았다니 말이다. 또한 충분히 수긍이 가는 부분이기도 하다. 본인이 주인인 회사를 어떤 직원이 그만두겠는가.

바쁘다는 이야기는
일을 잘못하고 있다는
뜻이다

수많은 직장인들은 "바쁘다"는 말을 입에 달고 산다. 실제로 직장인은 바쁘다. 회의에 미팅에 전화에 메일에, 중간중간 치고 들어오는 일들을 처리하다보면 정작 그날의 업무는 시작도 못하는 경우가 태반이다. 간신히 오후에야 집중해 업무를 시작하면 퇴근시간은 코앞으로 다가오고 꼼짝없이 야근 신세다. "눈코 뜰 새 없이 바쁘다"는 앓는 소리가 과장만은 아닌 것이다. 하나의 업무에 몰입하고 싶지만 상황이 뒷받침되지 않으니 정신없이 바쁜 매일이 반복되기 십상이다.

하지만 셀퍼들은 "바쁘다"는 이야기를 하지 않는다. 그들은 조금 다른 어휘를 구사한다. "바쁘다" 대신에 그들이 즐겨 사용하는 말은 "처리해야 할 일이 많다"이다. 어차피 그게 그것 아니냐고? 아니, 엄연히 다르다. '바쁘다'는 지금 자신이 느끼는 감정에 가깝지만, '처리해야 할 일이 많다'는 자신이 처한 상황을 설명하는 표현에 가깝다. 더욱이 셀퍼들은 일이 많을지언정 바쁘지는 않다.

당신의 일과를 떠올려보자. 쉴새없이 울려대는 스마트폰 알람을 애써 외면하고 뒤척이다가 헐레벌떡 준비하고 출근길에 오른다. 간신히 출근시간에 맞춰 회사에 도착한 뒤엔 정신을 차리기 위해 커피를 마신다. 책상에 앉자마자 가장 먼저 하는 일은 이메일 확인이다. 이메일에 답장을 보내고 있으면 각종 거래처에서 걸려오는 전화, 친구들이 보낸 인스턴트 메시지, 상사의 호출 등으로 오전이 훌쩍 간다. 점심을 먹고 업무에 집중하려 하지만 밀려오는 졸음은 막을 도리가 없다. 비몽사몽, 잠과의 사투를 벌이다보면 어느새 회의시간. 늘 똑같은 이야기만 되풀이되는 지루한 회의를 버텨내고 자리로 돌아오니 어느덧 4시가 훌쩍 넘어 있다. '맙소사, 내일까지 제출해야 하는 보고서는 아직 시작도 못했는데.' 어쩔 수 없이 친구와의 약속을 취소하고 야근을 하기로 한다. 어차피 야근할 테니 조금 쉬어도 좋겠단 생각에 인터넷 서핑을 하다가 저녁을 먹는다. 본격적인 업무가 저녁 7시를 넘겨서야 시작되는 셈이다.

그럼 셀퍼들의 일과는 어떨까. 출근 즉시 그들이 하는 일은 그날의 가장 중요한 과제에 대한 보고서 작성이다. 오전시간은 상대적으로 전화나 회의의 빈도가 적으므로, 가장 몰입할 수 있는 시간에 가장 중요한 과제를 진행한다. 이메일 확인이나 거래처와의 전화통화 또는 현장 방문은 점심식사 후 졸음이 밀려들 때 처리한다. 큰 집중력을 요하는 일은 아니므로 졸음이 밀려와도 문제는 없다. 회의를 마치고 자리에 돌아와서는 보고서 마무리에 들어간다. 퇴근시간 전에 끝내기엔 약간 미진한 감이 있지만, 일단 초안을 완성한 후 저녁약속을 마치고 다시 한번 점검할 요량이다. 6시, 완성된 보고서 초안을 메일로 보내놓고 회사를 나선다.

'바쁘다'는 '할 일이 많다'의 결과다. 즉 처리할 일이 많다는 동일한 조건에서 누군가는 바빠서 정신없는 결과를 낳고, 누군가는 효율적으로 처리하는 결과를 낳는 것이다. 직장인이라면 누구나 할 일이 많다. 하지만 바쁠 것인가 바쁘지 않을 것인가는 능력의 문제다. 다시 말해 바쁘다는 이야기는 일을 잘못하고 있다는 뜻이라고 할 수 있다.

'많이' 하는 사람이 아니라 '잘'하는 사람이 인정받는다

앞서 밝혔듯 나는 커민스에 처음 연구원으로 입사했다. 초기에는 꽤 애를 먹었다. 업무를 파악할 수 있는 구체적인 자료가 없었던 까닭이다. 동료들로부터 일에 대해 설명을 듣긴 했지만 일일이 말로 전달받다보니 제대로 이해하기가 힘들었다. 인수인계하는 사람 역시 스스로의 일에 대해 A부터 Z까지 완벽히 꿰고 있는 것은 아니어서 누락되는 내용도 많았다. 결국 직접 부딪치며 하나하나 스스로 깨우치는 수밖에 없었다.

　초기에 겪었던 고충이 이후에 다른 사람에게도 반복되면 안 된다는 생각에, 일을 처리하면서 몇 종류의 문서로 정리했다. 프로젝트별로 그 프로젝트의 목표, 실행과제, 실행방식, 개선점 등을 구체적으로 기술한 것이다. 누가 요구해서 한 일이 아니었다. 단지 스스로가 필요하다고 생각했기에 한 일이었다. 타 팀과 협업을 하거나 부하직원에게 업무를 지시할 경우, 미리 만들어둔 문서를 토대로 논의를 전개하니 속도도 빠르고 효율도 높았다. 그러자 하나둘 업무를 문서화하는 팀들이 늘어났다. 이전까진 서로의 머릿속에 든 경험과 기억을 말로 풀어내다보니, 일을 파악하고 실행하기까지의 과정이 복잡하고 번거로웠다. 괜히 해야 할 일만 더 많아졌던 셈이다. 사실 미국인 직원들은 문서로 만드는 일들을 귀찮은 일로 생각하기도 했다. 하지만 문서화를 통해 일의 과정이 축약되고 업무도 축소된다는 사실을 깨닫자 많은 직원들이 실행에 옮긴 것이다.

　그리고 이 일은 훗날 커민스코리아의 대표를 맡는 데 결정적인 역할을 했다. 업무를 문서화해 공유하는 일은 아주 작은 실행이었지만, 이전까지 중요시하지 않았던 연구소의 문서문화를 바꾸는 데 기여하는 큰 공을 세운 일이었다. 더욱이 이를 통해 업무의 효율이 높아진 것은 모두가 동의하는 결과였다. 이런 사실을 알게 된 커민스의 경영진은 나에 대해 '일을 제대로 야무지게 잘하는 사람' '조직을 어떻게 바꿔야 할지 아는 리더'라는 평가를 내렸고, 이는 한국법인의 경영이라는 중책을 맡게 된 결정에 긍정적인 영향을 준 것이다. 또 커민스

회장이 미래의 커민스글로벌 중앙연구소의 최고기술임원Chief Technical Officer으로 일해보지 않겠는가를 타진한 한 요인이 되기도 했다(이런 과분한 제의를 가족과 상의한 후 개인적인 이유로 사양했다).

직원들이 흔히 빠지는 착각 중 하나가 일을 많이 그리고 열심히 하면 상사가 좋아할 것이라는 생각이다. 그야말로 착각에 불과하다. 회사는 일을 잘하는 사람을 좋아한다. 많이 하고 열심히 하는 노력의 문제는 정서적으로는 고려될지 몰라도 성과의 판단기준은 아니다. 즉 '저 친구는 참 열심히 하는데 노력에 비해 성과가 나지 않네'라며 안타까워할 수는 있지만 그렇다고 해서 성과도 나지 않는데 승진을 시키거나 인센티브를 지급할 수는 없다. 노력은 주관적인 지표이기 때문이다.

직원 입장에서는 '내가 얼마나 열심히 일했는데…… 비록 시장이 안 좋아서 성과는 크지 않았지만, 노력은 알아줘야 하는 거 아냐'라고 생각할지도 모른다. 하지만 문제는 거의 대부분의 직원이 같은 생각을 하고 있다는 점이다. 이런 생각을 품고 있는 수많은 직원들을 끌고 나가야 하는 회사 입장에서는 누구나 인정할 수밖에 없는 객관적인 지표, 즉 성과와 결과로 평가할 수밖에 없다. 회사가 할 수 있는 최선의 배려는 기다림이다. 열심히 노력한 사람이 마침내 성과를 낼 때까지, 그래서 그만큼의 보상을 해줄 수 있을 때까지 기회를 주고 기다리는 일뿐이다.

제대로, 잘하는 일의 3원칙

미국의 풋볼선수 댄 디어도프$^{Dan\ Dierdorf}$는 "올바른 목표를 갖고 내가 아는 최상의 방법으로 그것을 추구하면, 모든 것이 그에 맞춰 움직인다. 올바른 일을 하면 성공한다는 의미다"라고 했다. 스포츠선수의 조언이지만 비즈니스에도 시사하는 바가 크다. 제대로, 잘 일하면 결과는 알아서 따라온다. 무조건, 열심히로는 부족하다. 그렇다면 어떻게 잘 할 것인가.

첫째, 일의 개념을 명확히 하라.

일이란 무엇일까. 우리는 흔히 직장에서 처리하는 모든 업무를 일로 간주한다. 물론 어떤 일도 중요하지 않은 것은 없다. 일견 사소해 보이는 전화 응대조차도 회사의 대외 이미지를 좌우할 수 있는 중요한 업무다.

다만 일에 '귀천'은 없을지 몰라도 '경중'은 분명히 존재한다는 사실을 알아야 한다. 모든 업무를 동일하게 인식하는 사람은 우선순위를 정하는 일에도 실패해, 작은 일에 목숨 걸다가 정작 중요한 일을 소홀히 하곤 한다. 즉 일의 개념을 명확히 하라는 의미는 일의 우선순위를 정하라는 뜻이다.

둘째, 모든 수식어를 가능한 숫자로 교체하라.

일을 추진할 때 수식어의 사용은 금물이다. 언제까지 마칠 것인가에 대해 최대한 빨리, 어떻게 할 것인가에 대해 최대한 잘하겠다, 같은 수식어는 의미 없다. 사람에 따라 그 기준이 천차만별이기에 결과의 측정이 불가능하기 때문이다.

　　스스로 목표를 세울 때도 마찬가지다. 예를 들어 경쟁사의 히트작을 따라잡을 신제품 기획 프로젝트를 맡게 됐다고 해보자. 언제까지 프로젝트를 완수할 것인가? 수치화하라고 해서 3개월, 6개월식으로 그저 숫자를 넣으면 되는 문제가 아니다. 경쟁사의 히트작에 편승해 그 인기를 이어가는 신상품 개발이 목표라면, 업종에 따라 짧게는 3개월 안에 끝을 내야 한다. 요즘처럼 유행이 쉽게 변하는 분위기에서는 성공의 유효기간이 3개월을 넘지 못하는 경우가 많기 때문이다. 만약 경쟁사의 히트작과는 별개로 완전히 새로운 제품으로 승부를 보는 것이 목표라면 당연히 기간은 길어질 것이다. 이때는 개발기간 및 상품화시기 등을 고려해 현실적인 숫자를 도출하는 일이 중요하다.

셋째, 할 수 있는 일과 할 수 없는 일을 구분하라.

　　일로 바쁜 사람들의 전형적인 특징 중 하나는 모든 일을 자신이 끌어안고 있다는 것이다. 만능로봇이 아닌 이상, 하나부터 열까지 모든 일을 제때 제대로 수행하기란 당연히 불가능하다. 자신이 할 수 있는 일과 할 수 없는 일을 냉정히 구분하고, 할 수 없는 일은 과감히 내려놓을 줄 아는 '현명한 포기'가 필요하다. 자신이 할 수 없는 일을 잘할 수 있는 적임자를 찾아 협업하는 것은 결과적으로 좋은 성과를 이끌 수 있는 최적의 방법이다.

회의會議로 바쁜 회사는
회의懷疑로 망한다

사람들이 습관에 얽매이듯이 조직도 습관에 젖어들면 그 습관을 벗어나기 힘들다. 한 연구결과에 의하면 사람들이 매일 결정과 판단을 내린다고 생각하는 것의 40퍼센트 정도는 사실은 습관적인 행동이라고 한다.[27] 나쁜 습관이 기업문화로 자리잡게 되면, 주요 의사결정과정에서 실무자들의 토론이나 이견이 시간 낭비나 의지 박약으로 잘못 인식되기 시작한다. 경영진과 현장의 사정을 잘 아는 실무직원들의 소통과 교감이 차단되면 기업은 퇴보의 길로 접어들 수밖에 없다.

이런 경우 바쁘게 열심히 일한다는 것은 공감적 연대감이 결여된 상황에서 수많은 회의 참석과 잡다한 서류 검토 그리고 잦은 출장 등, 단지 바쁘게 활동하는 상태를 말한다.

포드Ford는 과거 '서서' 진행하는 회의제도를 시행했다. 회의시간이 길어지는 것에 대한 방지책이다. NHN의 회의시간은 15분이고, LG는 회의의 효율성을 높이기 위해 '1·1·1제도'를 시행중이다. 회의자료는 1일 전에 공유하고, 회의는 1시간 내에 마치며, 회의결과는 1일 내로 회람하는 것이 원칙이다. 삼성전자는 회의 없는 날을 정해 실행하며 회의록은 1장 이내로 정리하게 한다. 마치 모든 회사들이 '회의와의 전쟁'이라도 선포한 모양새다. 왜일까.

사실 직원들을 '바쁘게' 만드는 이유 중 하나가 바로 회의다. 정기회의를 준비하고 진행하는 데 많은 시간이 소요되고, 급작스레 긴

급회의가 소집돼 몰입이 깨지는 경우도 허다하다. 게다가 이렇게 진행된 회의에서 매번 만족할 만한 논의가 이뤄지는 것도 아니다. 어느 재벌그룹의 분기별 실적 보고회의는 꼬박 이틀 동안 진행된다. 회장이 계열사 사장들의 실적을 일일이 점검하는데 아주 세세한 질문을 던진다고 한다. 대답을 하지 못하는 경우 수십 명의 임원들 앞에서 공개적인 망신을 감수해야 하며, 회장이 원하는 수준의 답이 나올 때까지 논의는 끝나지 않는다고 한다. 비단 이 기업만의 일은 아닐 것이다. 매출 하락에 대한 대책을 논의하자고 모인 자리에서, 그 책임만 추궁하다가 끝나는 경우가 허다하다. 잘하자고 마련된 회의會議가 이렇게 해서 잘할 수 있겠느냐는 회의懷疑로 마무리되는 셈이다. 업무의 효율을 높이기 위해서 잘못된 회의문화의 개선은 필수적이다.

짧고 굵게 끝내는, 회의의 373법칙

건강한 회의문화를 만들기 위해서는 원칙과 절제가 요구된다. 우선 경영진이 발언을 독점하는 상황은 금물이다. 직원의 이야기를 가로막기 때문이다. 직원들이 회의시 별말이 없거나 침묵한다는 것은 조직이 병에 걸렸다는 신호다. 이야기해봤자 소용없다는 무기력이 조직에 팽배해 있다는 신호인 것이다.

행동이 중요시되는 조직에서는 회의가 잦을 이유가 없다. 진행되는 과제의 공유는 사내 인트라넷을 통해 얼마든지 가능하다. 정보가 필요한 직원들이나 경영진이 언제라도 진행사항을 점검할 수 있도록, 모든 자료를 공유해두면 된다. 나의 경우 모든 공식회의를 미리 달력에 기재해 인트라넷을 통해 공개하도록 했다. 전 직원이 회의계획을 사전에 알면 미리 준비할 수 있어, 회의에 대한 저항감을 줄일 수 있다. 공식회의는 회의 주최자^{host}와 진행자^{facilitator}가 누구인지 참석대상이 누구인지를 사전에 정해 공지하는 것이 좋다. 진행자는 사전에 회의자료를 배포해 발표와 보고의 자리보다 논의의 자리가 되도록 유도한다.

한미글로벌의 김종훈 회장은 '3·7·3 회의'라고 부르는 회의문화를 장려하는데, 효율적인 회의문화 수립에 참고할 만한 자료라 소개한다.

- **회의 준비의 3가지 원칙**
  −의제를 분명히 한다.
  −참가자는 최소한으로 한다.
  −회의 일정과 자료는 사전에 공지한다.

- **회의 진행의 7가지 원칙**
  −참석자는 전원 발언한다.
  −회의시간을 준수한다.
  −의사표현은 간결하고 명확하게 한다.
  −주제에 맞는 발언을 한다.
  −적극적이고 예의에 어긋나지 않는 태도로 참여한다.
  −반드시 결론을 도출한다.
  −회의록을 작성한다.

- **회의 마무리의 3가지 원칙**

  -회의 평가를 실시한다.

  -회의록을 공유한다.

  -회의에서 결정된 사항을 팔로 업follow-up한다.

한미글로벌의 회의실에는 이런 원칙들과 더불어 '시간당 회의비용 11만 원'이라고 적힌 회의지침서가 참석자들이 잘 볼 수 있도록 책상 위에 놓여 있다. 회의가 늘어질수록 비용이 지출된다는 인식을 심어주려는 의도다.

다시 한번 오늘 당신의 일과를 떠올려보자. 계획한 일을 모두 제대로 완수했는가, 갑작스럽게 치고 들어온 일들을 처리하느라 중요한 과제를 내일로 미뤄두진 않았는가. 만약 당신이 습관처럼 "바쁘다, 바빠"를 외치고 있다면 일하는 방식을 바꿔야 할 시점이다. 어디서 시간이 새고 있는지 철저히 점검하고 누수를 막아야 효율적인 일처리가 가능하다는 사실을 명심하자.

큰 그림보다
작은 조각에 집착한다

앞에서도 이야기했듯 타타그룹은 존경받는 기업이 무엇인지를 보여주는 표본이다. 이륜차 한 대에 서너 명의 한 가족이 함께 타고 이동하는 광경을 목격한 라탄 타타^{Ratan Tata} 회장이 인도 국민들이 안전하고 편안하게 이동할 수 있도록, 저렴한 자동차를 만들겠다고 약속했던 일화는 잘 알려져 있다. 2008년 세계적인 금융위기 속에서도 타타그룹은 이 약속을 지키기 위해 사활을 걸고 매달렸고 그 결과 세계에서 가장 저렴한 자동차 '나노'를 선보였다. 타타대우상용차 사장 시절, 사사로운 이익이 아니라 의미 있는 가치를 위해 일하는 회사에 소속됐다는 사실만으로도 영광이고 기쁨이었다.

다만 한 가지 아쉬운 점이 있긴 했다. 타타그룹 신뢰 경영의 상징으로 여겨지는 '나노'는 사실 상품으로는 실패작이 되었다. 우선 신차 개발에 너무 많은 돈과 시간이 들어갔다. 개발에 들어간 비용은 약 4억 달러. 사회적인 책임도 중요하지만 기업이 굴러가기 위해선 적절한 이익이 나야 한다. 그런데 막대한 개발비와 최신 생산설비에 대한 투자에 비해 판매가는 기본모델이 불과 10만 루피(당시 환율로 약 250만 원 수준)로 책정됐다.

이 가격은 고객들의 목소리를 반영했다기보다는 라탄 타타 회장이 파이낸셜타임스 기자와 인터뷰하는 과정에서 '인도의 국민차라면 그런 정도의 가격이 되어야 하지 않겠는가' 하는 언급에서 비롯됐다. 사실 타타 회장은 신문에 보도된 10만 루피라는 가격에 대해 반박문을 발표할까 하다가, 오히려 그런 저렴한 가격의 차를 개발해보자는 쪽으로 생각을 굳혔다. 그는 자동차에 대한 개인적이고 사업적인 관심이 높았다. 대그룹의 총수로서 이런 혁신적인 자동차를 만들어보고 싶은 욕심을 버릴 수 없었을 것이다. 더군다나 인도의 저소득층에게 저렴하고 안전한 탈것은 당연히 사고 싶은 대상이 될 것이라는 믿음이 있었다. 프라할라드^{C. K. Prahalad} 미시간 대학 교수가 주장한 사회 저소득층을 타깃으로 한 사업의 좋은 예가 될 구상이었고, 마이클 포터^{Michael Porter} 하버드 대학 교수가 제시한 공유가치창출^{creating shared value}과도 일치하는 발상이었다.

처음 나노 개발 당시 장기적인 판매량을 약 100만 대로 예측하기도 했다. 2013년 9월 한 달간 인도에서 팔린 오토바이는 약 130만 대다. 한 대당 가격은 3만 5000~7만 5000루피 정도. 따라서 이런 잠재 소비자들에게 나노는 매력적인 대체 교통수단이 될 수 있었고, 연간

100만 대의 판매 예측도 불가능하진 않았다. 하지만 2013년 나노의 월 평균 판매대수는 2000대 수준이었다. 현재 나노의 생산능력인 연 25만 대에 약 10분의 1 정도만 판매되는 실정이니, 나노의 적자구조는 단기간에 바뀌지 않을 것으로 예측된다.

나무가 있어야
숲도 있다

왜 이런 실패가 만들어졌을까? 나노의 실패 원인은 여러 가지가 있다. 우선 자동차의 완성도, 성능 등에 대한 제품력, 안전과 관련한 품질 문제 등이 있다. 더 큰 문제는 소비자의 니즈와 부합하지 않는 제품이라는 점이다. '세상에서 제일 싼 차'를 구입하고 싶은 사람은 별로 없다. 저소득층이라고 해도 가격만을 고려해 구매를 결정하지는 않는다. 오히려 더욱 깐깐하게 제품의 가치를 따진다. 나노의 경쟁자는 소형차에 강한 일본의 기술을 바탕으로 한 스즈키 마루티800 차종이다. 나노보다 가격이 높다는 점 외에는 품질과 성능 등 거의 모든 면에서 나노보다 월등히 뛰어난 경쟁력을 갖고 있다. 나노로서는 이기기 힘든 싸움인 셈이다.

이 케이스의 교훈은 '숲'만큼 '나무'도, '큰 그림'만큼 '작은 조각'도 중요하다는 사실이다. 흔히 나무를 보지 말고 숲을 보라고 하며, 작은 일에 얽매이지 말고 큰 그림을 그리며 나가라고 한다. 하지만 다시 생각해보면 나무가 있기에 숲이 있을 수 있으며 작은 조각들이 모여 큰 그림을 완성한다. 만약 타타그룹이 국민을 안전하게 이동하도록 돕는 자동차 개발이라는 큰 그림뿐 아니라, 그 그림을 만드는 데 필요한 작은 조각들(누구에게 얼마에 어떤 제품을 팔 것인가)을 고객 관점에서 심도 있게 고려했다면 상황은 달라지지 않았을까?

생각해본다. 라탄 타타 회장이 나노 개발팀들에게 첫번째 과제로 팀을 짜서 길에 나가 직접 오토바이를 타고 돌아다니게 했다면 어땠을까? 그렇게 잠재고객들의 삶의 현장을 관찰하고 경험하며 그들의 진짜 니즈를 찾고자 노력했다면? 여태까지 시도해보지 않은 혁신적인 개념의 차량을 설계하는 데 있어, 잠재고객에 대한 이해 대신 엘리트적인 분석과 가정만을 바탕으로 수억 달러를 투자하는 것은 대단한 역량을 가진 기업이라도 매우 위험한 선택이다.

'뭐 그런 것까지……'도 용납하지 않는다

셀퍼들은 작은 조각도 소홀히 하지 않는다. 아니, 오히려 작은 조각에 집착한다. 기발한 마케팅과 감각적인 디자인으로 알려진 기업 현대카드는 사실 디테일 경영에 능하다. 2013년 여름 현대카드에서 개최한 슈퍼콘서트는 디테일 경영이 빛을 발한 사례였다. 유명 뮤지션의 섭외, 화려한 무대디자인, 웅장한 사운드 같은 굵직한 요소는 '당연한 것'이었다. 이 회사는 일견 소홀하기 쉬운 부분도 지나치지 않았다. 한여름 야외에서 진행되는 행사의 가장 큰 방해물은 무더위다. 냉방장치를 가동할 수도 없으니 참가자 스스로 부채질을 하거나 찬물을 마시는 식으로 더위를 해소할 수밖에 없다. 이에 현대카드는 무더위를 식힐 수 있는 특수시설을 설치하고, 무더운 날씨 속에서 일어날 수 있는 각종 응급상황에 대비해 메디컬센터를 운영했다. 이런 작은 조각들이 모여 별다른 문제 없이 진행되도록 도왔기에 공연의 성공이라는 큰 그림이 완성된 것이다.

디테일 경영은 속도 경영으로 이어지기도 한다. 수많은 경영자들이 벤치마킹을 위해 찾았다는 현대카드 사옥에서 특히 유명한 것 중 하나가 엘리베이터다. 이 엘리베이터는 바깥에서 자기가 갈 층을 눌러야 한다. 안에는 층을 누르는 버튼이 아예 없다. 이 엘리베이터를 설치한 후 대기시간이 일반 엘리베이터에 비해 절반으로 줄었다고 한다. 그만큼 일할 수 있는 시간이 늘어난 셈이다. 고작 엘리베이터 대기시간 몇 분 아껴서 얼마나 더 많이 일할 수 있겠느냐고 반문할지도 모른다. 하지만 1인당 대기시간이 2분 줄었다고 했을 때, 전 직원의 수를 생각하면 적어도 몇백 시간을 벌어들인 셈이다.

이게 전부가 아니다. 디테일에 대한 집착은 브랜드 아이덴티티 형성에도 적용된다. 한 잡지 기자가 현대카드의 정태영 사장을 인터뷰하러 갔을 때, 테이블 위에는 일반 생수가 아닌 현대카드가 직접 개발한 생수브랜드가 준비돼 있었다고 한다. 이에 대해 정사장은 "기업의 오피스는 어떤 생각을 가진 조직인지를 말해줄 수 있는 현장"이라고 설

명한다.[28]

"예컨대 커피 한 잔도 비서가 꽃무늬 커피잔에 내오느냐, 아니면 사장이나 손님도 이렇게 미리 준비해둔 물과 커피를 내킬 때 스스로 따라 마시게 하느냐 등에 대한 선택도, 조직의 성격을 표현하는 방식 중 하나겠지요."

디테일 경영은 고객 감동을 끌어내는 최적의 도구이기도 하다. 서울대학교 생활과학연구소 소비트렌드분석센터는 매년 한 해를 이끌 트렌드를 정리해 단행본으로 발표하는데, '작은 차이가 큰 변화를 만든다'를 2011년 대표 트렌드의 하나로 소개한 바 있다.[29]

책에 따르면 요즘 호텔의 경쟁은 시설의 경쟁이 아니라 디테일의 경쟁이다. 예를 들어 고급 호텔들은 고객들에게 샴푸, 비누 같은 무료 소모품조차 명품브랜드 제품으로 제공한다. 고급 호텔에서 안락한 객실과 편안한 서비스를 기대하는 것은 지극히 당연하다. 그래서 어지간한 객실환경과 서비스로는 감동을 주기 힘들다. 하지만 별 관심도 없었던 무료 소모품조차 최상의 제품으로 구성됐다는 사실을 아는 순간, 고객은 감동한다. 디테일, 즉 작은 조각이 고객감동이라는 큰 그림을 끌어내는 것이다. 이것이 바로 셀퍼들이 때론 큰 그림보다 작은 조각에 집착하는 이유다.

쪼개면 쪼갤수록 커지는, 디테일의 힘

중국의 경영 컨설턴트 왕중추汪中求가 '100-1=0'이라는 강력한 메시지로 디테일의 힘을 강조한 이후, 디테일 경영의 중요성이 대두됐다. 하지만 여전히 '작은' 것을 '사소한' 것으로 여기는 생각도 존재한다. 디테일 경영을 위해선 두 가지 사실을 명심하자.

첫째, 밑그림이 먼저, 색칠은 그다음이다.

디테일 경영이라고 해서 무조건 디테일에만 몰두하는 것은 금물이다. 색칠을 하려면 밑그림을 그려야 하듯, 디테일을 챙기기 위해선 당연히 큰 그림을 먼저 설정해야 한다.

경영자들과 상사들은 직원들에게 과제를 부여하기 앞서 조직의 비전과 미션, 사업목표와 전략에 대해 직원들이 충분히 이해할 수 있도록 소통해야 한다. 이런 큰 그림을 공유하는 것은 대단히 중요한 과정이다. 큰 그림을 그리는 과정에서 직원들은 자연스럽게 자신이 맡을 작은 조각을 찾을 수 있다. 우리가 누군가와 등산을 하거나 여행을 떠나기 전에 함께 지도를 펴고 길을 살피는 과정에서, 누가 식사장소를 섭외하고 누가 차를 몰지 등을 결정하듯이 말이다. 비전이란 조직이 장기적으로 추구하는 것, 즉 목표What에 대한 확실한 방향성을 말한다. 미션은 조직의 존재이유와 그 업業의 본질과 임무를 정의한다. 즉 이유Why에 해당한다. 그리고 핵심가치란 직원들이나 이해관계자들의 행동강령을 말한다. 이것들은 기업과 직원들이 가야 할 방향을 일러주는 길잡이 역할을 한다.

둘째, '뭐 그런 것까지……'를 주목하라.

1990년 1호점을 연 이래, 현재 400개가 넘는 매장을 운영하고 있는 미스터피자. 국내 점포 수 1위라는 성과에 만족하지 않고 중국, 미국, 베트남 등 해외시장까지 진출하며 공격적인 성장을 거듭하고 있는 이 회사의 성공비결이 '신발 정리'라면 믿을 수 있겠는가. 그런데 실제로 미스터피자의 사훈은 '신발을 정리하자'이다. 그리고 정우현 회장은 이것이 "피자시장 1등이 된 힘"이라고 말한다.[30]

"피자 배달 간 직원이 고객 집 현관의 신발을 정리해주면 우리 직원도 변하고, 고객의 가정분위기도 변하고, 우리 사회도 변하게 되는 거죠. 남이 안 볼 때 하는 게 진짜 서비스정신이고, 그게 우리 회사의 경쟁력입니다."

'뭐 그런 것까지'라고 생각되는 바로 그 지점에서 디테일 경영이 시작됨을 알려주는 일화다. 얼마 전 한 중소기업을 찾았다가 다소 놀랐다. 사장을 보좌하는 비서가 따로 없었는데 차를 준비해온 사람이 말단직원이 아닌 홍보부장이었다. 보통의 회사에서라면 가장 어린 직원이 맡을 일을 직접 하는 이유를 물었더니, 설명인즉 이랬다.

"제 일이 상품을 홍보하는 일이고, 나아가 회사를 홍보하는 일입니다. 저희 회사를 찾은 손님들을 직접 모시며 회사에 대한 설명을 드리는 것도 제 일인 거지요."

그러면서 자연스럽게 그 회사가 걸어온 길과 앞으로 나아갈 방향을 설명해주는데 한층 집중해서 들을 수 있었다. 이미 그가 차를 내오는 순간부터 호기심이 발동했기 때문이다.

작은 조각+작은 조각
=큰 그림 혹은 새로운 그림

작은 조각들이 모여 큰 그림을 만드는 것이 디테일 경영의 핵심이지만, 작은 조각들의 만남은 다른 그림도 가능케 한다. 바로 새로운 그림이다. 스티브 잡스가 학창 시절 들었던 서예 수업이 훗날 애플의 그래픽스와 폰트 디자인에 영향을 미친 사실은 잘 알려져 있다. 서예라는 배움의 작은 조각과 디자인이라는 일의 작은 조각이 만나, 새로운 디자인을 탄생시킨 것이다.

인재란 '기술적 이해라는 조각을 바탕으로 하되 감성의 안목이라는 또다른 조각으로 세상을 볼 수 있는 능력'을 가진 사람이라고 생각한다. 칭키즈칸이 짧은 기간에 제국의 기반을 만들 수 있었던 전략 중하나도 융합이었다. 당시 인구도 적고 기술이 거의 전무했던 몽골은 주변의 도시와 국가를 점령하면서 다양한 기술자들을 흡수해 진보된 무기를 개발했다.

『Inside the Box』(국내 미출간)라는 책을 보면, 저자들은 혁신적인 제품은 솔루션의 관점에서 접근해야 한다고 주장한다.[31] 그 방법 중하나가 문제를 분해하는 것이다. 즉 문제를 작은 조각들로 나눠, 다시 조합하면 해결책이 도출될 수 있다는 설명이다.

가정용 에어컨을 예로 들어 설명해보자. 초기의 가정용 에어컨은 열을 냉각하는 기능을 하는 컴프레셔가 내부에 장착돼 있었다. 컴프레셔가 돌아가면서 내는 소음은 어마어마했지만, 사람들은 그래도 무더위보다는 소음이 낫다는 위안으로 참아야 했다. 하지만 몇몇 개발자들은 무더위라는 문제와 소음이라는 문제를 분리했다. 하나를 해결하면 하나는 참아야 하는 것이 아니라, 두 가지 모두 해결할 수 있어야 한다는 생각에서였다. 그렇게 컴프레셔를 에어컨 박스에서 분리해 집 외부에 설치하는 혁신적인 아이디어가 나오게 됐다.

단지 창조와 혁신의 측면에서뿐 아니라 모든 업무는 어떤 의미에서 퍼즐 맞추기라고 할 수 있다. 여러 조각들을 어떻게 배치하느냐에 따라 완성되는 그림이 달라진다.

"저는 일이 복잡하게 꼬일 때, 해체해서 생각해요. 하나하나 사안별로 문제를 분류하고 각각의 해결책을 도출한 다음에 다시 하나로 합치는 거죠."

얼마 전부터 에코 경영, 무역, 디자인 등 각 분야의 전문가들이 모여 각 분야의 최근 동향 등을 공유하는 모임에 나가고 있다. 모임 멤버 중 한 명인 출판 전문가는 난제에 처했을 때 일을 조각으로 나누는 것에서 해결을 시작한다고 했다.

책을 많이 읽는 사람이라고 하더라도 책을 만드는 과정에 대해 세세히 알고 있는 사람은 드물 것이다. 일반적으로 책은 기획, 편집, 디자인, 마케팅 등 세분화된 작업이 모여 완성된다. 기획은 무에서 유를 만들어내는 일이다. 세상의 흐름을 발 빠르게 포착해 요즘 독자들이 원하는 책을 기획한 후 그 책을 쓸 최적의 저자에게 제안하기도 하고, 예비저자를 만나 그가 독자에게 들려주었으면 하는 이야기를 함께 고민하기도 한다. 그렇게 책의 콘셉트가 정해지면 저자가 원고를 쓰는 틈틈이 피드백을 주면서 보다 완성도 높은 원고를 만들어간다. 원고가 완성되면 책의 분위기를 결정할 디자인 작업에 들어가고, 교정 교열을 통해 오탈자와 오류를 잡아내는 작업이 시작된다. 마침내 책이 나왔다고 해서 일이 끝난 것은 아니다. 책의 운명은 완성되는 순간, 시작된다. 독자에게 사랑받을 수 있는 책이 되도록 마케팅과 홍보에 총력을 기울이는 일이 남은 것이다.

　많은 사람의 손을 거쳐 많은 사람의 땀이 밴 끝에야 책이 나오지만 안타깝게도 모든 책이 사랑받는 것은 아니다. 예상했던 목표와 결과가 달랐을 때, 무엇이 원인인지를 알려면 작업을 다시 해체해야 한다. '출간'이라는 완성된 그림을 '기획' '편집' '디자인' '마케팅' 등으로 나눈 후, 결정적인 문제가 어디에 있는지 파악해야 이후에 같은 실수를 반복하지 않을 수 있다.

　자신이 하는 일이나 속한 조직에 따라 다르겠지만, 같은 회사 같은 팀에서 일하는 사람이라면 누구나 비슷한 일의 조각이 주어질 것이다. 하지만 그 조각을 어떻게 맞춰 어떤 그림을 완성하느냐는 전적으로 개인에게 달려 있다.

문제를 해체하는 '바보 같은 질문들'

처음 커민스 연구소에 입사했을 때 좀처럼 적응이 되지 않는 것이 '이상한' 회의였다. 일례로 제품에 기술적 결함이 발견돼 이를 해결하고자 회의가 소집된 적이 있었다. 그런데 참석한 연구원들은 어떻게 문제를 해결할지 방안은 이야기하지 않고 '바보 같은 질문들'만 던져대고 있었다.

"결함 때문에 불만이 접수됐다고요? 그 사람, 화 많이 났나요?"

"와, 우리도 못 찾은 결함을 어떻게 찾아냈대요? 무슨 계기가 있었나요?"

"그러니까 처음엔 몰랐는데, 사용하다보니까 불편해졌다는 거죠? 처음엔 왜 몰랐대요?"

그 당시 우리 기업문화에서는 쉽게 상상할 수 없는 질문들이었다. 만약 문제해결을 위한 회의에서 이런 질문을 던진다면, 그 사람은 회의의 핵심도 제대로 파악하지 못한 무능력한 사람으로 인식됐을 것이다. 그런데 커민스에서는 모든 참석자가 그런 질문들을 던지고 있으니 당혹스럽기 그지없었다.

그 바보 같은 질문들이 '옳은 질문'이었다는 사실을 아는 데는 오랜 시간이 필요하지 않았다. 흔히 우리는 '좋은 질문'을 하려고 애쓴다. 핵심을 간파하는 질문, 사람들의 동의를 얻어내는 질문을 중시한다. 그러다보니 궁금한 것이 생겨도 쉽게 묻지 못한다. 괜히 자신의 무지를 드러낼까 하는 염려에서다. 하지만 셀퍼들은 '좋은 질문' 대신 '옳은 질문'을 던진다. 옳은 질문이란, 문제를 해결하기 위해서 알아야 할 답들을 구하는 질문을 뜻한다. 좋은 질문은 사람들의 동의를 구하지만, 옳은 질문은 사람들의 의문과 호기심을 이끌어낸다.

기술적 결함이라는 문제는 이미 주어졌지만 이 문제가 어떻게,

왜 발생한 것인지에 대한 구체적인 정보는 없었다. 그렇기에 커민스 연구원들은 아주 사소하고 일견 쓸데없어 보이는 질문들을 통해 문제의 본질을 꿰뚫고자 한 것이다. 원초적인 질문들이 문제를 분해하는 도구로 작용한 셈이다.

결함을 어떻게 찾았느냐는 질문을 통해 문제를 발견한 계기를 따질 수 있었다. 이는 문제가 어떤 상황에 발생하는지를 파악할 수 있는 근거였다. 처음엔 왜 문제를 몰랐느냐는 질문은, 이것이 애초부터 제품이 갖고 있던 오류인지 아니면 사용 도중에 나타난 문제인지를 알기 위한 것이었다. 즉 커민스의 직원들은 이런 식의 '바보 같은 질문들'을 통해 문제를 작은 조각으로 해체하고, 하나씩 해결해갔던 것이다.

비즈니스전략가 앤드루 소벨Andrew Sobel은 "탁월한 질문은 문제의 핵심에 직접 이르기 위한 도구이며 잠긴 문을 활짝 열어젖히는 열쇠"라고 강조한다.[32] 그렇다. 좋은 질문은 동의를 구하는 질문이 아니라 답을 구하는 질문이다. 앤드루 소벨이 자신의 책에서 던지는 질문을 다시 한번 인용한다.

당신은 답을 바꾸는 질문을 가진 사람인가?

안 되는 일이란
다른 방법이 필요한 일이다

과거 대우캐리어의 기술부 차장으로 합작회사인 미국 캐리어에서 근무하던 때, 나의 상사는 전형적인 불도저형 인물이었다. 미국인치고는 매우 희귀한 스타일이었다. 대우캐리어는 냉난방기를 만들던 회사였는데, 간혹 기술적으로 구현이 불가능한 것을 기획팀이나 디자인팀에서 요청할 때가 있었다. 그런데 현재 우리가 가진 기술의 한계로는 절대 들어줄 수 없는 요구여도 그 상사는 늘 "오케이"를 외쳤다. 다른 팀원들이 반발하거나 항의하면 그때마다 그는 늘 같은 대답을 내놓았다.

"세상에 안 되는 일이 어딨어요? 하면 다 되지."

처음엔 뭐 이렇게 대책도 없이 밀어붙이나 싶었는데, 함께 일하다 보니 근거 없는 자신감은 아니었다. 그는 실제로 어떤 개발이든 성공해냈다. 우리가 가진 기술로 부족하면 경쟁사의 제품을 연구해 기술을 차용했고, 냉난방업계에 그런 기술이 없으면 다른 업계에서라도 배워왔다. 그의 사전에 안 되는 일은 없었다. 다른 방법이 필요한 일이 있었을 뿐이다.

젠스리GEN3연구소는 창의적인 문제해결원리의 하나인 트리즈TRIZ를 토대로 기업의 신상품 개발이나 혁신을 돕는 기관이다. 이 연구소의 부사장인 사이먼 리트빈Simon Litvin 박사는 국내 일간지와의 인터뷰에서 "세상의 모든 문제의 본질은 똑같고 이를 유형화할 수 있다. 한 분야의 원리를 다른 분야에 접목시키면 문제를 더욱 쉽게 풀 수 있다"고 설명했다.33

예를 들어 젠스리에서 일본기업과 개발한 '코 필터'라는 제품은 알레르기 비염이 있는 사람이 코에 끼는 장치다. 비염환자들이 먹는 약이 있긴 하지만 부작용이 많다는 점에 착안해 좀더 편리하고 안전한 상품을 기획하기로 했다. 그런데 어떻게 하면 코로 들어오는 미세먼지와 알레르기를 걸러낼 수 있을지 쉽게 떠오르지가 않았다. 기존의 필터기술로는 불가능했기 때문이다. 답은 '전혀 다른 분야'에서 찾았다. 정말 완전히 다른 분야였다.

시멘트공장에는 원심 분리장치가 있다. 시멘트 원료를 분쇄할 때 미세먼지가 발생하는데, 오염을 막고 원료 손실을 줄이기 위해 이 장치를 사용한다. 젠스리는 원심 분리장치의 원리를 코 필터에 적용, 새로운 제품을 탄생시킨 것이다.

196
셀프 파워

"안 되는 게 어딨니"를 외치던 옛 상사, 전혀 다른 분야에서 힌트를 얻어 코 필터를 개발한 젠스리…… 이것이 셀퍼들의 특징이자 경쟁력이다. 그들은 설사 모두가 안 된다며 고개를 설레설레 젓는 문제에도 어떻게든 방법을 찾아낸다. 자신이 방법을 '모르는' 것일 뿐, 방법이 '없는' 것은 아니라고 믿기에 완전히 다른 분야에서의 모험도 감행해 반드시 끝장을 본다.

도움을 요청하는 것이 무능력이 아니라, 도움을 못 받는 것이 무능력이다

흔히 본인의 능력이 뛰어난 사람은 코칭이나 협력에는 서툴기 쉽다. 예를 들어 과외 선생으로 가장 적합한 사람이 누구일까. 일반적으로 좋은 대학에 다닐수록 잘 가르칠 것이라 예상한다. 하지만 막상 과외를 해보면 학벌이 좋을수록, 즉 본인이 머리가 좋을수록 가르침에 익숙하지 않은 경우가 많다. 스스로 별다른 어려움 없이 풀었던 문제를 학생이 기본원리조차 이해하지 못할 때, 그 상황 자체를 납득하지 못하는 경우다. 그에게 'A+B=C'는 설명이 필요 없는 당연한 원리인데 학생이 왜 'A+B=C'인지를 이해하지 못하면 당혹스러워지는 것이다.

조직에서도 마찬가지다. 본인의 능력이 뛰어나 시행착오의 과정 없이 일을 배우고 처리해온 사람은 후배나 부하직원 혹은 동료가 어떻게 일해야 할지 몰라 난감해하는 상황 자체를 이해하지 못한다. 왜 모르는지를 알 수 없기 때문에 코칭도 쉽지 않다. 그래서 결국 자신이 대신 해치워버리고 무능한 사람과 일하는 고충을 토로한다. 사람도 키우지 못하고 업무부담도 커지는 설상가상의 경우다.

하지만 셀퍼는 '따로 또 같이'에 능하다. 자신의 영역에서 빛을 발함과 동시에 다른 사람과도 힘을 모을 줄 아는 넉넉한 여유를 갖고 있다. 스스로의 의지로 일하고 스스로의 힘으로 성장하는, 모든 일의 중심에 자기 자신을 두는 이기주의가 셀퍼들의 대표적인 속성이지만, 보통의 이기주의와 확연히 차별되는 지점이 여기에 있다. 즉 셀퍼들은 스스로에게 집중하되 남을 배척하지 않는다. 오히려 자신을 존중하는 만큼 타인의 능력을 높이 사고 인정한다. 그리고 자신의 답으로만 해결되지 않을 때 기꺼이 다른 사람의 도움을 청할 줄 안다. 이른바 '함께하는 이기주의'인 셈이다.

어떤 일이 자신의 힘으로 해결되지 않을 때, 쉽게 "안 된다"고 말하는 사람은 다른 방법, 즉 다른 사람을 고려하지 않았기 때문이다. 자신은 안 되지만 다른 사람은 될 수 있다는 사실을 간과한 것이다. 때론 다른 사람이라면 해결할 수 있다는 사실을 알면서도 묵인하기도 한다. 도움을 청하는 것이 자신의 무능력을 드러내는 행위라는 염려에서다. 하지만 도움을 요청하는 것이 무능력이 아니다. 도움을 받으면 얼마든지 해결할 수 있는 일을 도움을 받지 못해 미결로 두는 것이 무능력이다.

자동차회사가
자전거회사와 손잡은 이유

인도에 가면 길거리를 누비는 차량의 70퍼센트 이상이 모터바이크라는 사실에 놀라게 된다. 모터바이크 제조업체에 인도는 그야말로 황금의 땅인 셈이다. 1980년대 외국기업의 시장 진입을 제재했던 인도 정부가 정책을 바꿈으로써, 호시탐탐 기회를 노리던 많은 글로벌기업들이 치열한 각축전을 벌였다. 그리고 게임의 승자는? 바로 일본의 자동차회사 혼다였다. 중국의 병법 『36계三十六計』의 전략을 기업 경영과 접목해 풀이한 책 『36계학Hide a dagger behind a smile』은 혼다의 성공비결을 원교근공遠交近攻, 먼 나라와 연합해 가까운 나라를 공격한 것이라고 설명한다.[34]

인도시장에서 판매를 시작하기 위해 사업 파트너를 선정하던 중 혼다는 가족 소유의 자전거회사인 히어로Hero를 만나게 됐다. 자동차회사의 파트너로 자전거회사라니, 처음엔 혼다의 직원들도 의구심을 표했다. 하지만 히어로는 40년 동안 구축한 인도 전역의 대규모 대리점 판매망이 있었다. 혼다가 이제부터 시작해야 할 일, 혼자만의 힘으로는 몇십 년이 걸려도 불가능할 일이 판매망 구축이었는데, 히어로는 이미 그 답을 가지고 있었던 것이다. 결국 경쟁자들이 인도의 모터바이크회사들과 협력할 때, 혼다는 자전거회사와 손을 잡고 '히어로 혼다Hero Honda'를 만들었다. 히어로 혼다는 현재 세계 최대의 모터바이크 제조사다.

혼다는 자신의 힘으로 해결할 수 없는 문제에 도움을 구하는 것을 주저하지 않았다. 거기에 더해 자전거회사라는 자동차업계와 전혀 다른 답을 빌려오는 도전도 감행했다. 이것이 무수한 경쟁자를 물리치고 시장을 점령한 비결이다. 협업에서 중요시되는 상호보완적인 관계를 찾은 것이다.

히어로 혼다의 사례를 토대로 안 되는 일을 해결하기 위해 다른 방법을 빌려올 때 유의할 사항을 정리하자면 이렇다.

첫째, 내가 가지지 않은 답인가?

혼다는 판매망 구축이라는 자신에게 없는 답을 히어로가 갖고 있었기에 힘을 합쳤다. 상대로부터 도움을 구하거나 그의 답을 빌려올 때는, 그것이 자신이 갖지 못한 답이어야 한다. 서로의 장점을 살리고 단점을 보완할 때 최상의 시너지가 날 수 있기 때문이다.

최근 국내 프랜차이즈의 콜라보레이션 매장 오픈은, 각자의 다른 답으로 어떤 시너지를 낼 수 있는지를 보여주는 좋은 사례다. 떡 전문점 '빚은'과 차 브랜드 '차오름'은 '빚은&차오름 콜라보' 1호 매장을 인사동에 오픈한다고 발표했다.[35] 콜라보를 통해 메뉴를 확대하면서 메뉴 개발에 대한 비용을 따로 들이지 않는 일석이조의 전략이라 할 수 있다.

둘째, 다른 사람이 택하지 않은 답인가?

혼다는 다른 자동차회사들이 모터바이크회사라는 답을 찾을 때

남들이 눈길도 주지 않는 답, 즉 자전거회사에 눈을 돌렸다. 다름만이 새로움을 만드는 유일한 길이다.

벤처기업협회 산하 서울벤처인큐베이터는 최근 '닮고 싶은 창업가 롤모델 20인'을 선정했는데, 이 진취적인 창업가들의 공통점 중 하나는 남들이 택하지 않은 답을 찾았다는 것이다. 한 월간지에 소개된 인터뷰를 보면 이들의 성공전략을 알 수 있다.[36]

연매출 300억 원을 올리는 강소기업 '스탠다드펌'의 사례부터 보자. 이 회사는 전자제품 방열판, 창틀 등을 만드는 데 쓰이는 알루미늄 빌릿billet을 생산해 판매하고 있다. 창업자가 도전하기에는 생소한 분야인데, 이와 관련 김상백 대표는 "둘러보면 정말 기회는 많은데 사람들이 제대로 보지 못하는 것"이라고 설명한다.

물론 다른 사람이 택하지 '않은' 것인지 택하지 '못한' 것인지에 대한 면밀한 판단도 필요하다. 일명 '하유미팩'으로 이름을 날린 마스크 팩을 만든 제닉의 유현오 대표는 "뭐든 새로운 일을 시도할 때는 남들이 몰라서 안 한 건지, 아는데 돈이 되지 않아서 안 한 건지를 예리하게 파헤친다"고 밝혔다.

'끝장' 보지 않을 일은 '시작'조차 하지 않는다

국내기업 마이다스아이티는 건물과 교량 등 다양한 구조물 시뮬레이션 소프트웨어를 만드는 회사다. 2000년 포스코의 사내 벤처로 시작했는데, 현재 직원 수가 600명에 달할 만큼 성장했다. 규모는 작지만 국내뿐 아니라 세계시장에서 1위를 달리는 강소기업이다. 2012년 매출액은 556억 원으로 2000년 45억 원에 비해 열두 배가 넘는 성장을 기록했다. 명성에서나 수익에서나 한마디로 잘나가는 회사라고 할 수 있다.

성공의 비결에는 독종처럼 일하는 직원들이 자리하고 있다. 마이다스아이티의 기업 스토리를 소개한 책 『우리가 꿈꾸는 회사』를 보면, 어떤 일을 시작하면 반드시 끝장을 내는 직원들의 사례가 잘 소개돼 있다.[37]

흔히 워크숍은 회식의 연장선으로 생각되곤 한다. 사업계획이나 비전을 공유하긴 하지만 형식적인 발표로 그치는 경우가 허다하다. 서둘러 회의를 마치고 일찍부터 거나한 술자리가 펼쳐진다. 그간 집에 가야 한다며 하나둘씩 먼저 자리를 뜨던 직원들을 밤새 붙잡아둘 수 있는 '절호의 기회'에 '부어라 마셔라' 시간을 보내는 사이, 애초 워크숍의 취지는 홀연히 자취를 감춘다. 하지만 마이다스아이티의 워크숍은 '차원'이 다르다.

먼저 워크숍 주제를 정하고 해당 주제에 관해 팀장과 팀원이 일대일 면담을 수차례 진행한다. 다음에는 이 주제를 어떻게 실행할 것인지에 대한 계획을 수립하는 데 며칠을 보낸다. 구체적인 계획이 나오면, 내용에 대해 정확한 피드백을 줄 수 있는 임원급 리더를 초청해 발표한다. '1인 1발표'가 원칙으로, 모든 구성원이 한 사람도 빠짐없이 자신이 준비한 내용을 설명한다. 한번은 일상업무와 병행해 20일간 워크숍을 진행한 적도 있다고 한다. 그 기간 동안 대부분의 직원이 거의 매일 밤을 새웠고, 워크숍이 끝날 무렵에는 3일 동안 잠들지 않고 버틴 직원도 있었을 정도란다.

이 회사의 모든 직원을 셀퍼라고 칭해도 부족함이 없다. 셀퍼들은 끝장 보지 않을 일은 시작조차 하지 않는다. 즉 한번 일을 시작하면 어떻게든 끝을 내고 마는 것이다. 그것도 제대로.

어떻게 이런 일이 가능할까. 끝장정신으로 무장한 직원들의 뒤에는 끝장정신의 선봉자인 대표가 있었다. 마이다스아이티의 이형우 사장은 "경영의 목적이란 사람의 행복을 돕고 세상의 행복 총량을 늘리는 것"이며 "기업의 최고 가치는 사람"이라고 믿는다. 따라서 최고경영자로서 옳은 사람을 채용하고 그들이 행복하게 일할 수 있는 환경을 만드는 데 가장 많은 시간을 할애한다. 재무제표를 들여다볼 시간에 직원들의 문제해결에 투자하는 것을 더 중요시하고 그것이 옳은 일이라고 믿는다. 그 결과 마이다스아이티는 직원 행복을 위하는 회사의 끝장이란 과연 무엇인지를 보여주는 회사가 됐다.

마이다스아이티는 직원들의 자율성을 장려하기 위해 무無예산원칙으로 경영한다. 사장의 결재가 거의 필요 없고, 결재를 해야 하는 상황에도 추궁이나 질문 없이 5분 내로 마친다. 속도 경영의 의미보다는 직원들을 믿고 맡기겠다는 메시지다. '작은 경영'을 실천하는 것인데, 모든 업무에서 복잡한 시스템을 지양하고 사업을 담당하는 팀장급들에게 책임과 권한을 부여한다. 복지제도도 남다르다. 매일 세 끼를 호텔급 식사로 제공한다. 정년 없이 일하는 평생직장이라는 사실은 믿기 어려울 정도다. 많은 기업들이 행하는 각종 수당이나 성과급 제도는 없다. 대신 반기 결산에 따른 팀별 이익을 배당한다. 임금은 자동승급제로 대기업 상위수준을 제공한다.

행복의 끝을 맛본 직원들의 충성도가 올라가는 것은 당연한 일일 터. 2012년 직원 설문조사에 따르면 73퍼센트가 회사를 신뢰한다고 했다. 대한민국 평균치 37퍼센트에 비하면 거의 두 배 수준이다. 오히려 아직도 27퍼센트의 직원들이 신뢰를 하지 않는 이유가 궁금할 따름이다. 직원들은 600여 명이 넘는데 이직률은 10퍼센트가 되지 않는다. 기술의 축적이 중요한 업계에서 직원들의 높은 충성도와 낮은 이직률은 매출 증대와 원가 절감효과를 가져온다.

회사를 차리고 직원 행복을 목표로 했으니 그 끝을 보겠다는 집념으로 '모두가 꿈꾸는 회사'를 만들어낸 이형우 대표. 그의 경영철학은 '옳은 일을 제대로 하자'인데 그가 옳다고 믿는 4가지는 '無스펙, 無상대평가, 無징벌, 그리고 無정년'이다.[38] 물론 IT산업의 성공 레시피가 다른 업에도 100퍼센트 적용될 수 있다는 이야기는 아니다. 하지만 업의 종류를 떠나 한 번쯤 고민해볼 문제임은 분명하다.

시작하면 반드시 끝낸다, 근성의 자세

본래 근성根性은 뿌리가 깊게 박힌 성질을 뜻한다. 하지만 우리가 주목할 근성芹誠이란 정성을 다하여 바치는 마음이다. 끝장정신의 토대는 이러한 근성이다. 자신이 하는 일에 정성을 다하여 모든 시간과 노력을 바치면, 반드시 결실을 맺을 수 있기 때문이다.

첫째, 고통스러울수록 잘되고 있는 것이다.

중도에 포기하는 결정적인 이유 중 하나는 고통이다. 일이 생각보다 잘 풀리지 않을 때, 난항을 거듭할 때, 쉽게 답이 나오지 않을 때 처음의 열정은 점점 사그라지고 포기의 유혹이 시작된다. 하지만 셀퍼들은 고통스러울수록 잘되고 있는 것이라고 믿는다. 경영 컨설턴트 야마모토 신지山本眞司는 육체가 건강해지려면 '근력'이 필요하듯 일에서도 근력이 필요하다고 강조한다.[39] 운동을 할 때 고통의 한계를 넘기면 그 과정에 익숙해지고 다음 단계로 나아갈 수 있듯, 일에서도 고통의 과정을 버티고 나면 도약이 가능하다는 것이다.

비즈니스의 사례는 아니지만, 이종격투기선수 정찬성의 이야기는 고통을 견디는 힘에 대한 실마리를 제공한다.[40] 정찬성은 격투의 대가들이 모인다는 UFC에서 '인간이 보여줄 수 있는 수준을 넘어선 근성의 소유자'로 통한다. 경기에서 관절이 완전히 꺾인 그에게 심판이 항복의사를 물어도 항상 "계속하겠다"고 답했다고 한다. 그가 밝힌 이유인즉 다음과 같다.

"뼈가 눌리는 아픔보다 이기고 싶은 마음이 더 컸다. 훈련하며 얻은 고통이 경기에서의 고통을 별거 아닌 걸로 만들어준다. 고통 없이 이길 수 없다. 싸움에선 맞지 않으려고만 하면 절대 이길 수 없다. 양팔을 올려 가드를 단단히 하는 것만으론 승리를 따낼 수 없다. 내가 맞은 고통 속에 공격의 기회가 숨어 있다."

비즈니스도 마찬가지다. 고통 없이 이길 수 없다. 실패하지 않으려고 방어만 하면 결코 성공을 거둘 수 없다. 그래서 셀퍼들은 고통을 견디는 것이 아니라 반긴다. 고통을 지금 내가 열심히 하고 있다는, 제대로 잘 가고 있다는 신호로 여기기 때문이다.

둘째, '다른 사람'이 아닌 '내 일'과 경쟁한다.

『죽은 경제학자의 살아 있는 아이디어New Ideas from Dead Economists』라는 책으로도 알려진 저명한 경제학자 토드 벅홀츠Todd G. Buchholz는 "우리는 본능적으로 경쟁을 원하며, 우리 인류는 경쟁을 통해 성장하고 진화해왔다"고 주장한다.[41]

셀퍼들은 여기서 한발 더 나아가 사람뿐 아니라 일과도 경쟁한다. 즉 어떤 일이든 시작하면 반드시 끝내는 셀퍼들의 또다른 특성은 자신이 지금 하고 있는 일과 경쟁한다는 것이다. 한마디로 '일이 이기나 내가 이기나, 한번 해보자'라는 마음이다. 일이 어려워지면 어려워질수록 '포기'가 아닌 '오기'로 대응하는 것도 그러한 이유에서다. 난관을 도전으로 받아들이고 이를 어떻게 극복해낼지에 집중하는 것이다.

셋째, 끝날 때까지는 끝난 게 아니다.

메이저리그 사상 최고의 포수로 꼽히는 야구선수 요기 베라Yogi Berra가 남긴 "끝날 때까지는 끝난 게 아니다"라는 명언은 비즈니스에도 적용된다. 그는 선수 은퇴 후 감독으로 새 인생을 시작했지만 선수

시절만큼의 영광을 누리진 못했다. 1973년 그가 맡은 팀의 성적이 좋지 않은 것을 두고 "시즌이 끝나면 어떻게 할 것이냐"는 기자들의 질문에 돌아온 요기 베라의 답이 바로 "끝날 때까지는 끝난 게 아니다"였다. 그 말은 패장의 마지막 자존심이자 오기였을까? 아니었다. 그는 끝까지 포기하지 않고 선수들을 독려했고 마침내 팀을 월드시리즈까지 진출시키게 된다.

그렇다. 끝날 때까지는 끝난 게 아니다. 여기서의 끝은 단순히 일의 마무리를 의미하지 않는다. 완성을 뜻한다. 어떤 프로젝트를 시작해서 그 프로젝트를 마쳤다고 해서 끝이 아니다. 그 프로젝트를 성공시켜야 비로소 진정한 끝인 것이다.

Part 3

각자 움직이되,
같이 성장한다

: 셀프 시스템

셀프 파워를 지닌 셀퍼가 되는 일은 개인의 노력만으로는 불가능하다.
기존의 방식을 지우고 새로운 방식을 환영하는 토양이 갖춰져야 셀퍼의
능력이 만개할 수 있다. 셀프 시스템이란 셀퍼를 지지하는 조직문화와
운영방식을 뜻한다. 리더라면 본인이 셀퍼가 되고자 노력함과 동시에
셀퍼가 자랄 수 있는 환경 조성에 힘써야 한다. 비록 시간이 오래 걸릴지언정
직원들이 자신만의 답을 찾을 수 있도록 독려해야 한다. 그들이 스스로

"세상은 자기가
어디로 가고 있는지
The world makes way
for the man

아는 사람에게
길을 만들어준다."
who knows where
he is going.

_랠프 월도 에머슨

손발은 따로 놀아도, 머리와 가슴은 하나로 움직인다

타타그룹은 100여 개의 사업군을 거느리며 연매출 약 100조 원을 달성하는 재벌기업이다. 그 사업군의 하나가 호텔업으로, 인도 뭄바이에 위치한 타지마할호텔은 1904년부터 인도의 랜드마크 중 하나로 사랑받아왔다. 제일 저렴한 방값이 500달러 정도인데도 항상 부유하고 유명한 손님들로 북새통을 이루었다. 그러다보니 테러리스트의 타깃이 된 모양이다.

2008년 11월 26일 타지마할호텔에 테러리스트들이 침입해, 직원들과 손님들을 인질로 잡고 인도 경찰과 대치했다. 이 과정에서 호텔은 큰불에 휩싸였고 인질 190여 명 사망, 300여 명 부상이라는 참혹한 결과를 낳은 채 경찰의 진압으로 종결됐다. 이 안타까운 사건은 연일 신문에 보도되며 세간의 관심을 끌었다. 그중에서도 사람들의 특별한 관심을 받은 기사가 있었는데 호텔 직원들의 테러 대처에 관한 이야기였다.

총탄이 난무하는 테러현장에서
단 한 명도 도망치지 않은 이유

당신이라면 어떻게 했겠는가. 무장한 테러리스트들이 호텔에 진입했다. 총탄이 난무하는 현장에서 극도의 두려움과 공포가 밀려온다. 빨리 빠져나가지 않으면 목숨을 잃을지도 모르는 생사의 기로에 서 있는 순간, 당신의 선택은?

　일반적이고 상식적인 사람이라면 당연히 어떻게든 도망갈 방도를 찾았을 것이다. 그런데 타지마할호텔의 직원들은 '비상식적인' 선택을 했다. 호텔의 내부구조를 잘 아는 직원들은 테러리스트의 눈을 피해 대피할 방법을 알고 있었다. 하지만 고객을 팽개치고 갈 수 없었다. 어떤 상황에서든 고객의 안전과 편의를 책임지는 것이 자신들의 일이기 때문이다. 그래서 현장에서 고객들을 보호하는 데 힘썼다. 더욱 놀라운 사실이 무엇인지 아는가. 단 한 명도 빠지지 않고 호텔 전 직원이 그런 결정을 내렸다는 것이다.

　당시 그룹 회장이었던 라탄 타타는 사태 종료 후 그 사실을 보고받고 크게 감동했다. 생존자들에게 엄청난 포상을 안긴 것은 물론, 희생자들의 경우 그들의 가족에게 보상을 약속했다. 희생자들이 살아 있었다면 정년 60세가 되는 시점까지 유가족에게 대신 급료를 지불하기로 했고, 유가족의 의료보험과 자녀들의 평생교육을 책임지기로 했다. 또 전 세계 어느 곳에서 어떤 교육을 받든 회사가 그 비용을 전액 지불하기로 발표했다.

도대체 이런 일이 어떻게 가능했을까. 직원들 사이에 자신들의 사명은 고객, 나아가 국민의 행복이라는 강력한 비전이 자리하고 있었기 때문이다. 앞서 말했듯 타타그룹은 주주의 이익보다 국민의 행복을 우선시하는 것으로 유명한데, 직원들 역시 자신이 의미 있는 일을 하고 있고 이로써 더 나은 사람이 되고 있다는 자부심으로 뭉쳐 있었다. 라탄 타타 회장은 기업의 비전과 존재이유를 늘 직원들과 공유해왔고, 그것이 직원들의 뼛속까지 체화돼 있었던 것이다.

훗날 타지마할호텔에 투숙해 호텔 스태프들에게 테러 당시 어디에서 무엇을 했는지를 물어본 적이 있다. 답은 모두 "손님들과 함께, 손님들을 도우며"였다.

셀프 파워를 지닌 셀퍼가 되는 일은 개인의 노력만으로는 불가능하다. 기존의 방식을 지우고 새로운 방식을 환영하는 토양이 갖춰져야 셀퍼의 능력이 만개할 수 있다. 그것은 곧 셀퍼 조직이 되는 길이기도 하다.

셀프 시스템이란 셀퍼를 지지하는 조직문화와 운영방식을 뜻한다. 리더라면 본인이 셀퍼가 되고자 노력함과 동시에 셀퍼가 자랄 수 있는 환경 조성에 힘써야 한다. 비록 시간이 오래 걸릴지언정 직원들이 자신만의 답을 찾을 수 있도록 독려해야 한다. 그들이 스스로 성장할 수 있을 때까지 기다려주지 않은 채, 알아서 일하고 해결하길 바라는 것은 누워서 감이 떨어지길 기다리는 일이나 마찬가지다.

더불어 셀퍼를 꿈꾸는 사람이라면, 본인의 셀프 파워를 키우는데 그치지 않고 다른 사람과 함께 셀프 파워를 강화할 줄 알아야 한다. 기본적으로 조직에 속해 일하는 이상 혼자만 셀퍼가 되는 것으로는 부족하다. 동료와 함께, 조직과 같이 성장할 때 비로소 완전한 성장이 가능한 법이다.

직원의 연봉은 3만 달러, CEO의 연봉은 1달러인 회사

셀퍼들은 일은 각자 하지만 꿈은 같이 꾼다. 공동의 목표를 이루기 위해 각자가 맡은 역할에 최선을 다한다는 뜻이다. 셀퍼들은 일의 중심에 자신을 놓고 자신의 성장을 최우선가치로 삼지만, 그렇다고 조직의 목표를 간과하지 않는다. 세계적인 마케팅의 대가로 꼽히는 필립 코틀러Philip Kotler 켈로그 경영대학원 교수는 인적 자본, 즉 인재를 제대로 활용하기 위해서는 "개성을 중요시하면서도 소속감 또한 갖고 싶어한다는 양면성을 이해해야 한다"고 강조했다.[1]

대부분의 기업은 조직의 방향성과 목표 그리고 원칙을 갖고 있다. 문제는 그것을 행하지 않거나 망각하는 데 있다. 많은 경우 비전, 미션, 핵심가치는 직원들에게 책임을 물을 때만 꺼내드는 보도寶刀처럼 창고에 넣어둔다. 평소에는 이를 거론하거나 상기하는 일이 드물다. 쓰지 않는 칼은 녹스는 법. 공유되지 않고 실행되지 않는 비전과 목표는 어떤 의미도 지니지 못한다.

왜 많은 회사의 비전과 미션이 홈페이지를 장식하는 문안으로 그치고 마는 걸까? 불행히도 회사라는 조직은 애초부터 연대감을 갖고 일하기에는 힘든 구조와 환경을 가지고 있다. 직장에서는 대부분 장기적으로 되풀이되는 일이 주어지며, 본인의 흥미와는 다른 일을 맡는 경우가 많다. 하기 싫은 일을 해야 하는 경우도 빈번하다. 자신의 업무 외에 회사가 어떻게 돌아가는지 전체적으로 조망하기도 쉽지 않다. 상사나 동료에 대한 선택권은 애초부터 없다. 큰 회사일수록 더욱 그렇다.

반면 셀프 파워로 뭉친 조직은 '각자' 일하되 '함께' 꿈꾼다. 자신들이 하는 일에 집중하면서 그 일들이 모여 어떤 결과를 만들어낼지에 대해 공유하고 있는 것이다.

미국의 홀푸드마켓Whole Foods Market은 유기농제품을 전문적으로 판매하는 슈퍼마켓 체인이다. 미국 500대 기업 중 하나로 340여 개의 지점에서 7만 명의 직원들이 일하며 연 매출 120억 달러를 올리고 있다. 2008년 매출이 80억 달러였으니, 불과 4~5년 사이에 50퍼센트에 육박하는 성장세를 보인 것이다. 순이익은 1억 5500만 달러에서 4억 6600만 달러로 동 기간 약 300퍼센트가 늘었다. 그야말로 재무성과가 대단한 회사라고 할 수 있다.

하지만 이 회사의 놀라운 점은 따로 있다. 이를 설명하기에 앞서 한 가지 예화를 보자.[2] 2007년 폭설이 내리던 어느 겨울 오후 미국 코네티컷 주 웨스트하트퍼드 시 근처에 위치한 홀푸드마켓 지점에서 카운터 계산대 시스템에 문제가 생겼다. 좀처럼 원인을 찾지 못한 채 시간이 흘러갔고 계산을 기다리는 손님들의 표정도 점점 굳어갔다. 직원들은 고민에 빠졌다. 시스템이 복구될 때까지 마냥 손님들을 대기시킬 수도, 그렇다고 그냥 돌아가라고 할 수도 없는 노릇이었다.

과연 어떻게 이 문제를 해결할 것인가? 고민은 오래 걸리지 않았다. 밖에는 엄청난 눈이 내리고 있었고, 직원들은 눈이 더 쌓이기 전에 고객들이 안전하게 돌아갈 수 있도록 하는 것이 옳은 일이라고 판단했다. 그들은 곧 고객들에게 안내방송을 내보냈다.

"고객 여러분, 시스템 오류로 불편을 끼쳐드려 정말 죄송합니다. 밖에 폭설이 내리고 있으니 시스템이 복구될 때까지 기다리시기보다 지금 빨리 집으로 돌아가시는 편이 좋을 것 같습니다."

여태껏 기다렸는데 그냥 돌아가라니, 고객들이 참았던 불만을 터뜨리려던 그 순간, 다음 안내가 이어졌다.

"대신 물건값은 받지 않겠습니다. 구매하려던 물건은 그냥 가지고 가셔도 됩니다."

실제로 이 지점은 계산대 시스템이 제대로 작동되기까지 30분 동안, 손님들이 구매한 물건의 비용을 받지 않았다. 4000달러에 달하는 금액을 '포기'한 것이다. 오직 고객에게 불편을 끼치지 않겠다는 이유 하나로 말이다. 회사에 손해를 끼치는 결정을 상부 보고 없이 직원들이 자율적으로 내릴 수 있다니, 이게 가능한 일일까? 홀푸드마켓에선 가능하다. 이것이 바로 이 회사의 진짜 놀라운 점이다.

홀푸드마켓의 창업자 존 매키John Mackey는 조직의 분권화, 위임, 협력을 통해 혁신을 이루어가며, 이로써 기업과 사회가 함께 상생한다는 경영철학을 몸소 실천하는 인물이다. 즉 홀푸드마켓은 직원들에게 '완전한 자율성'을 부여하며 동시에 '하나의 꿈'으로 그 힘을 응집시킨다.

340여 개의 지점에서는 본사의 승인이나 허락 없이 새로운 제품이나 브랜드의 판매 여부를 대부분 스스로 결정할 수 있다. 권한과 책임을 완전히 위임한 것이다. 특히 각 지점이 위치한 지역에서 생산되는 농산물이나 제품 등에 대한 판매가 적극 장려된다. 직원의 채용 역시 경영자가 아닌 실제로 함께 일할 직원들이 결정한다. 신입사원이 들어오면 30일에서 90일 정도의 수습기간을 적용한다. 수습기간이 끝나면 팀원들이 투표해 3분의 2 이상이 찬성하면 정식직원으로 채용하게 된다. 경영자의 의견은 전혀 고려되지 않는다.

자율적인 업무방식 외에 '투명한 경영'과 '통 큰 복지제도'도 눈에 띈다. 대부분 회사와는 반대로 이 회사에서는 직원들의 급료가 비밀이 아니다. 투명성을 강조하는 회사답게 직원들은 서로의 급료를 알 수 있다. 회장을 포함한 중역들의 급료는 직원 평균의 19배를 넘을 수 없다. 미국에서 홀푸드마켓과 비슷한 규모의 회사 CEO들의 급료가 직원들 평균치의 400~500배 수준임을 감안하면, 19배라는 기준이 새삼 대단하게 다가온다. 회사의 스톡옵션 중 93퍼센트는 중역들이 아닌 직원들 몫이다. 1인당 약 3000달러의 비용이 드는 건강 관리 프로그램도 전 직원들에게 제공된다.

아직 놀라기엔 이르다. 매키 회장은 지난 2007년 앞으로 연봉을 1달러만 받겠다는 '폭탄선언'을 했다. 직원 평균연봉이 3만 달러로 식품업계에서 높은 수준을 자랑하는 회사의 경영자가 단 1달러만 가져가겠다니, 무슨 조화(!)일까. 이와 관련 매키 회장은 자신의 블로그에 이렇게 설명했다.

"내 인생에서 돈을 목적으로 일할 때는 지난 것 같다. 이제 나는 순전히 일하는 즐거움에서 보람을 얻을 때가 됐다고 생각한다."

이쯤 되면 홀푸드마켓이 어떻게 15년 연속 미국에서 가장 일하기 좋은 100대 기업에 선정됐는지, 업계 평균 이직률이 100퍼센트인 가운데 10퍼센트 수준의 이직률을 유지할 수 있는 비결이 과연 무엇인지 알 수 있다. 누구의 지시나 통제 없이 스스로의 의지와 방식으로 일할 수 있는 자율적인 조직문화, 투명하고 공평한 보상체계가 갖춰진 회사에서 오래도록 자신의 능력을 펼치고 싶지 않은 직원이 어디 있겠는가. 그리고 여기에 더해 자신들의 일에 숭고한 의미까지 더해진다면 말이다.

매키 회장은 기업의 존재이유는 사회 여러 구성원들의 가치를 창출하는 것에 있다고 믿는다. 가치의 핵심은 사람들을 행복하고 건강하게 하며, 환경과 자원에 대해 책임 있는 자세를 가진 사회를 만드는 데 기여하는 것이다. 그래서 홀푸드마켓은 최소 5퍼센트의 수익을 비영리

단체들에 기부하고, 직원들에게 지역사회 봉사를 위한 유급휴가를 연간 20시간씩 제공한다. 이런 비전을 직원들이 '교감'하고 '공유'했기에, 일을 자율적으로 하면서 뜻은 '일치'돼 함께 비전을 이뤄가는 회사가 가능했던 것이다.

조직은 사슬처럼 얽혀 작동한다

영적 지도자 달라이 라마와 세계적인 경영 컨설턴트 라우렌스 판 덴 마위젠베르흐Lauren Van Den Muyzenberg는 새 시대를 이끌어갈 리더의 자질과 역할, 기업이 번영할 수 있는 정치·경제체제에 대해 10년 동안 논의했다고 한다. 그 내용을 모아 정리한 책 『리더스 웨이The Leader's Way』에 이런 말이 등장한다.[3]

"상호의존은 인과율의 다른 측면이다. 원인 없는 결과는 없고, 모든 원인은 다양한 결과를 낳기 때문에, 각각의 현상들이 상호의존적인 것은 당연하다. 상호의존이란 우리가 서로에게 연결되어 있다는 뜻이다. 나의 모든 행동은 나 자신과 타인에게 영향을 준다. 내 행동이 다른 사람들에게 영향을 주고, 내 행동에 대한 다른 사람들의 반응이 또 내게 영향을 준다. 이런 과정이 한없이 이어진 사슬처럼 계속된다."

그렇다. 우리는 모두 서로 연결돼 있고, 나의 행동과 다른 사람의 반응은 사슬처럼 계속된다. 이것이 셀프 시스템을 구축해야 하는 이유다. 조직의 모든 구성원이 연결돼 서로 영향을 주고받는다면, 그들이 건설적이고 긍정적인 영향을 통해 성장할 수 있는 환경이 조성돼야 하는 것이다.

조직의 가능성을 키우는 '실패의 용량'

조직원 한 사람 한 사람의 행동이 사슬처럼 얽혀 작동하는 조직에서 서로가 긍정적인 영향을 주고받으려면 어떻게 해야 할까. 그 방법 중 하나가 조직의 '실패 용량'을 키우는 것이다.

미국의 대표적 기업 인텔Intel의 전 회장 앤디 그로브Andy Grove는 '오직 편집광만이 살아 남는다only the paranoid survive'라는 경영철학을 강조했다. 초경쟁시대에서 변화하지 못하는 조직은 시장에서 퇴출된다는 믿음이다. 그는 이런 철학을 바탕으로 인텔이 한동안 높은 성과를 올리는 데 기여했고 칭송의 대상이 되기도 했다. 하지만 그의 경영방침은 많은 인재들의 이탈이라는 부작용을 낳게 된다. 높은 급료를 마다하고 이직을 결심한 직원들은 "이런 경영이 두려움과 편협한 분위기를 만들어 건설적인 논의나 질문이 환영받지 못하는 기업문화가 형성됐다"고 지적했다.

개인이든 조직이든 성장하고 발전하기 위해서는 당연히 새로운 시도가 계속돼야 한다. 문제는 많은 리더들의 실패 용량이 적다는 데 있다. 실패를 용납하는 데는 대단한 절제력과 용기가 필요하다. 급하고 부정적이고 감정적이고 이기적인 성품을 가진 사람들은 실패의 용량이 작은 사람들이다.

어떤 상사들은 결과만 따지기를 좋아하고 실무자들에게 좋지 않은 결과에 대해 책임지라는 태도를 보인다. 심지어 결과가 좋지 않다고 하여, 애초의 제안이나 발상까지 비판하는 리더도 있다. 그런 상사들이 인식하지 못하는 사실이 있다. 비판을 겪은 직원들은 다음부터 과제의 발상은 그만두고 목표를 최소한으로 설정한다는 것이다. 사실 100이란 높은 목표를 설정해 80을 이루는 것이 70을 목표로 해 70을 달성하는 것보다 훨씬 이익인데도 말이다. 반대로 80을 이룬 직원들의 수고를 인정하고 다음에 90을 이룰 수 있도록 격려하는 상사도 있다. 그런 상사는 조직을 위해 그리고 직원들을 위해 가치를 창출하는 생산적이고 유능한 리더이다.

먼저 인사하는 리더가 긍정적인 조직을 만든다

긍정적인 조직은 아주 사소한 노력으로도 충분히 가능하다. 인사와 감사, 이 두 가지 기본적인 덕목만으로도 조직은 얼마든지 건강해질 수 있다.

첫째, 인사는 교감의 출발이다.

1986년 커민스에 입사했을 때의 일이다. 신입사원 오리엔테이션이 있다기에 15분 정도 일찍 회의장에 도착했다. 밖에서 기다리고 있는데 한 미국인이 반갑게 악수를 청해왔다.

"신입사원인가보네요? 반가워요, 저는 헨리 샤흐트Henry Schacht라고 합니다."

아마도 오리엔테이션을 진행할 책임자일 거라고 생각했던 그의 정체는 놀랍게도 커민스의 CEO 겸 회장이었다. 강의를 위해 현장을 찾았던 그는 모든 직원들에게 먼저 인사를 건네고 있었다. 그는 나중에 루슨트 테크놀로지Lucent Technology 회장을 역임했고 현재 사모펀드회사 워버그 핀커스Warburg Pincus LLC의 수석고문으로 재직중인데, 예나 지금이나 미국 비즈니스계에서 널리 알려진 스타 경영자이다. 뛰어난 경영능력 덕분이지만 직원들과 탁월하게 교감하는 역량도 그를 스타로 만들었다.

직원과의 교감이란 그리 어려운 일이 아니다. 먼저 인사를 건네는 사소한 행동에서 교감이 시작될 수 있다. '당신은 중요한 사람입니다'라는 메시지가 정중한 인사 속에 전해지기 때문이다. 상사와 부하의 관계에만 해당하는 이야기가 아니다. 최근 직장인들을 대상으로 진행한 설문조사 결과에 따르면, 직장인이 이상적으로 생각하는 동료 1위로 '매일 아침 웃으며 인사해주는 스마일형'이 꼽혔다.[4] 반갑게 인사를 나누는 사소한 행위가 교감의 출발점임을 시사하는 대목이다.

둘째, 감사는 행복의 시작이다.

조직 내 교감하는 분위기를 만들고 긍정적인 문화를 만들어가기 위해서는 감사하는 자세도 필요하다. 만일 매주 임원회의를 임원들이 돌아가면서 감사할 만한 일들이나 직원들이 잘한 일에 대해 1분씩 이야기하는 것으로 시작하면 어떨까? 회의분위기는 물론이고 조직분위기가 긍정적으로 바뀔 것이다.

국내 한 기업에서는 고장이 잦은 설비와 기계에 '감사해요 ○○'라고 적은 감사명판을 붙여놓았더니 고장률이 크게 감소한 사례가 있다. '감사하다'는 한마디가 어떤 위력을 발휘할 수 있는지 보여주는 방증이다. 직원들은 자신들을 의미 있는 비전으로 이끌고 자율적으로 일할 수 있도록 돕는 조직에 감사하고, 조직은 스스로 일하고 성장하며 성과를 창출하는 직원들에게 감사하다면, 직장은 행복한 일터로 바뀔 것이다.

리더란 고객과 직원에게
행복을 선물하는 사람

온라인 쇼핑몰 자포스^{Zappos}는 주 상품이 신발이지만, 신발만 판매하지는 않는다. 그들이 궁극적으로 고객에게 전하는 것은 '행복'이다. 예를 들어 이 회사 직원들은 고객을 위해서라면 어떤 역할도 기꺼이 맡는다. 콜센터로 데이트에 신고 나갈 신발로 무엇이 좋을지 고민하는 고객의 전화가 걸려오면 패션 전문가로 분한다. 피자를 먹고 싶은데 동네에 문 연 피자가게가 없어 혹시나 하는 마음에 전화한 고객을 위해서는 해결사로 둔갑, 영업중인 그의 집 근처 가게 전화번호를 찾아내 알려준다.

이런 고객 감동서비스가 가능한 이유는 자포스의 CEO 토니 셰이^{Tony Hsieh}의 경영철학 덕분이다. 그는 회사는 고객에게 행복을 선물하기 위해 존재하며, 리더의 역할은 직원들에게 행복을 선물하는 것이라고 생각한다. 직원이 행복해야 고객이 행복할 수 있기 때문이다.

직원을 행복하게 하기 위한 노력은 국내기업에서도 일어나고 있다. 보수적인 기업문화로 유명한 효성은 신바람 나는 일터를 만들기 위해 2013년 9월부터 '행복 토크'를 시작했다. GWP^{Great Work Place} 세미나의 일환으로, 외부 전문강사를 초청해 강연을 듣고 토론하는 프로그램이다. 이상운 부회장은 "일터의 주인공은 나라는 생각을 가지고 상사와 높은 신뢰도를 유지하며, 동료들과 즐겁게 업무를 수행할 수 있는 동기를 부여하기 위해 이 프로그램을 마련했다"고 설명한다. 효성은 GWP를 위해 회의 간소화와 사무공간 개선, 업무 집중시간 준수, 가족과 함께하는 문화생활 지원, 건강 증진 캠페인도 함께 펼치고 있다.

손발은 따로 놀아도 머리와 가슴은 하나로 움직이는 회사, 즉 각자 움직이되 같이 성장하는 조직으로 가는 길은 그리 어렵지 않다. 하나의 뚜렷한 가치를 세우고, 그 가치를 이루기 위해 각자가 할 수 있는 일을 찾으면 그만이다.

타타그룹은 '국민이 더 나은 삶을 살 수 있도록 기여한다'는 명확한 비전으로 전 직원이 뭉쳐 있었기에, 테러라는 긴급상황에서도 자신보다 고객을 위해 움직일 수 있었다. 홀푸드마켓은 '사람들을 행복하고 건강하게 만든다'는 뚜렷한 미션이 있었기에, 고객을 불편하게 만드는 상황을 직원들이 자율적으로 적극 차단할 수 있었다. 자포스는 '직원이 행복해야 고객도 행복하다'는 경영철학이 '고객이 행복해야 회사가 행복하고, 회사가 행복해야 내가 행복하다'라는 업무철학으로 이어진 경우다.

머리에 각인되고 가슴에 새겨질 단 하나의 꿈, 행동을 불러일으키는 명확한 그림이 당신의 조직에 있는가? 생생하고 구체적이어서 얼마든지 잡을 수 있을 것 같은 꿈을 가진 조직은, 더불어 일하고 함께 성장하는 셀퍼 조직임에 틀림없다.

질서의 안주보다
무질서의
변화를 지향한다

칼 웨익Karl Weick 미시간 대학 경영대학원 교수는 예상하지 못한 위기와 기회가 수시로 발생하는 요즘의 상황을 '고속환경high-velocity environment'이라고 지칭하며, 이런 환경에서는 "즉흥연주를 하는 재즈밴드와 같은 유연한 조직이 필요하다"고 강조했다.[5]

재즈밴드 같은 유연한 조직이란 무엇일까. 이를 잘 보여주는 사례가 하나 있다. 어느 날 산책을 하던 웨익 교수는 우연히 곤충실험을 하고 있는 학생들과 마주쳤다. 그들은 꿀벌과 파리를 각각 유리병에 넣은 뒤, 어느 쪽이 더 빨리 탈출하는지를 실험하고 있었다. 당신의 예상은 어떤가? 아마도 대부분의 사람들이 꿀벌의 승리를 짐작할 것이다. 꿀벌은 '8자 춤'으로 동료들에게 먹이가 있는 곳을 알려줄 만큼, 비교적 지능이 발달한 곤충이니 병에서 탈출하는 일쯤은 식은 죽 먹기가 아닐까?

그런데 실험결과는 전혀 다르게 나타났다. 이 실험의 변수는 병이 놓인 위치에 있었다. 병의 바닥이 창가를 향하도록 눕혀놓았는데, 빛을 좋아하는 습성이 있는 꿀벌들은 빛이 있는 쪽으로만 날아가려고 했다. 결국 꿀벌은 모두 탈출에 실패하고 병 속에서 최후를 맞이하고 만다. 한편 그저 사방팔방 이리저리 날아다니던 파리들은 우연히 출구를 발견해 2분 만에 모두 탈출할 수 있었다. 이를 바탕으로 칼 웨익 교수는 "끊임없이 변화하는 세계에서 때로는 마구잡이로 하는 행동이 정체된 논리보다 더 효과가 있다"고 설명한다.

오늘날의 가장 큰 특징 중 하나는 '예측 불가능'이다. 모든 것이 실시간으로 변화하기에 무엇이, 어떻게 변할지 예측하기 어렵다. 그렇기에 웨익 교수의 주장처럼 '마구잡이'가 효과를 발휘할 수 있는 것이다. 무질서한 세계에서는 무질서한 행동이 효과적인 대응이 될 수 있다. 물론 마구잡이는 우연한 행운을 얻을 수는 있지만 그 성공을 지속하기 어렵다는 단점이 있다. 그래서 재즈밴드 같은 유연함이 필요한 것이다.

재즈밴드의 즉흥연주를 들어본 적 있는가. 이들은 악보 없이 연주를 시작한다. 멤버 중 한 사람이 흥에 겨워 갑자기 박자를 빠르게 연주하거나 리듬을 바꾼다고 해도 문제없다. 곧 다른 멤버들이 그의 연주에 맞춰 전체적인 조화를 맞추기 때문이다. 웨익 교수는 이처럼 무질서한 듯 보이지만 상호 간의 일체감을 갖고 상황에 따라 민첩하게 반응하는 조직을 '고신뢰조직high-reliability organization'이라고 부른다.

무에서 유를 창조?
무를 통해 유를 창조!

모든 것이 광속으로 변하는 시대, 어제와 오늘이 다른 것을 넘어 한 시간 전과 한 시간 후의 세상이 다르다고 해도 과언은 아니다. 광속의 시대를 살아남는 셀퍼의 생존법은 기존의 방식을 과감히 버리고 그 변화의 물살에 몸을 맡기는 것이다.

브라질기업 셈코Semco는 선박용 펌프, 디지털 스캐너 등을 생산하는 제조업체다. 매년 30퍼센트 이상의 성장률을 자랑하는 이 회사의 경쟁력은 웨익 교수가 강조한 '즉흥연주'에 있다. 셈코의 CEO 리카르도 세믈러Ricardo Semler가 쓴 책을 보면 이 회사가 어떤 식으로 변화를 온몸으로 받아들였는지가 잘 드러난다.[6]

첫째, 셈코의 직원들은 일주일 내내 주말을 즐긴다.

근무시간을 알아서 선택할 수 있기 때문에, 어느 직원은 평일 오후에 아내와 영화를 보러 가고 다른 직원은 일요일에 출근한 대신 월요일을 해변에서 보내며 여유를 만끽한다. 사실 인터넷환경이 급속도로 발전하면서 사무실은 무용지물이 됐다. 굳이 사무실이 아니더라도 우리는 언제 어디서든 업무를 보는 것이 가능하다. 그런데도 굳이 출퇴근시간을 정해놓고 사무실에 모여 일하는 이유는, 직원들이 눈에 보이지 않으면 불안해지는 리더들의 속성에 기인한다. 하지만 셈코는 직원들에 대한 무한신뢰를 바탕으로 근무시간 선택제를 시행했다. 그리고 결과는 완벽한 몰입으로 나타났다.

몸은 회사에 있지만 마음은 밖에 있는 상황이 벌어질 때가 있다. 딸아이의 재롱잔치, 아내의 몸살, 친구와의 저녁약속, 꼭 보고 싶은 평일 오후의 콘서트…… 사무실에 발이 묶이고 출퇴근시간이란 규칙에 얽매여 몸은 회사에 있지만, 마음은 다른 곳에 있는 상태에서 일이 제대로 이루어질 리 없다. 하지만 셈코의 직원들은 자신들이 원하는 시각, 원하는 장소에 있다. 회사에 있는 시간은 자신이 선택한 시간이니 일에 집중하지 않을 이유가 없다.

둘째, 셈코에서는 퇴직시간을 미리 구매할 수 있다.

직원들이 일주일 중 한나절 정도를 미리 구매해서 낚시, 수영, 영어 공부, 댄스 강습, 독서 등을 자유롭게 누릴 수 있도록 하는 퇴직제도다. 추후 받는 퇴직금은 그만큼 줄겠지만, 직원들 입장에서는 '나중에, 시간이 많아지면……'으로 미뤄둘 수밖에 없었던 버킷리스트들을 지금 당장 실행할 수 있으니 그만큼 만족도가 높다.

평균수명이 올라가면서 이제 사람들에게 정년이란 개념은 예전과 같은 의미를 지니지 못한다. 정년을 채우고 은퇴한다고 해도 편안하게 쉴 수 있는 여건이 아니기 때문이다. 그런 시대의 흐름에 발맞춰 셈코는 직원들이 지금 누리고 싶은 삶을 바로 누릴 수 있는 제도를 마련해, 삶의 만족도를 높이고 그러한 만족을 통해 일의 몰입도를 높이도록 장려하고 있다.

셈코는 경영자가 아닌 직원들이 새로운 사업을 승인하거나 거부하는 '무통제 경영'으로도 유명한데, 이와 관련 세믈러는 다음과 같이 설명한다.

"조직은 그 구성원들이 경험에서 얻은 각자의 역량에 따라 행동하기 시작하면서 하나로 응집하는 모습을 보인다. 그때부터 리더십은 촉매제의 역할, 교통을 정리하는 역할, 분쟁을 해결하는 역할을 제외하면 아무런 쓸모가 없게 된다. 더욱이 내 견해로는 주제넘게 간섭하는 리더십은 개인의 재능과 이익 추구의 자유로운 상호작용을 방해함으로써 역효과를 낳는다."

규칙이 없는 것이 규칙인 회사

서류전형도 면접도 없이, 선착순으로 직원을 채용하는 회사가 있다면 믿을 수 있겠는가. 일본을 대표하는 중소기업으로 '절대로 파산하지 않는 기업'이라는 별명을 지닌 주켄공업樹研工業은 실제로 선착순 채용 방식을 시행하고 있다. 더욱이 이렇게 뽑은 직원들에게 평생고용까지 보장한다.

어떤 사람이 지원할지도 모르는 상황에서 너무 무모한 방식이라는 생각이 들지 모른다. 실제로 선착순으로 채용한 직원들 중에는 건달, 외국인, 중졸자, 고교중퇴자 등이 즐비하다. 하지만 주켄공업은 건달이나 문제아가 입사할수록 더욱 환영한다고 한다. 이런 이들을 받아주는 회사는 없으므로 입사 후 정말 열심히 일하기 때문이라는 주장이다. '독특하다'는 말 외에는 별다른 표현이 생각나지 않는 회사다.

그런데 놀랍다. 믿기 힘들다. 이렇게 선착순으로 뽑은 직원들이 기네스북에 등재된 직경 0.147밀리리터, 무게 100만 분의 1그램의 톱 니바퀴를 만들어냈단다. 세계 최고의 기술력을 바탕으로 주켄은 초소형 플라스틱부품 분야에서 세계시장의 70퍼센트를 장악하고 있다. '장인정신의 궁극'으로 극찬받는 기술력이 '전직 오합지졸들'에게서 나왔다니 그 비결이 궁금할 수밖에. 이 회사의 창업자인 마쓰우라 모토오松浦元男 사장은 2004년 〈KBS 일요스페셜〉과의 인터뷰에서 이렇게 밝혔다.

"어떤 사람이 오더라도 그 사람에게 맞는 분위기나 환경을 제공하면 빠르든 늦든 재능을 발휘합니다. 사람에 따라서 금방 발동이 걸리는 사람, 반년이 지나야 걸리는 사람, 혹은 장거리 선수와 같은 사람, 단거리 선수와 같은 사람, 점프 선수와 같은 사람이 있습니다. 즉 개성은 여러 가지입니다. 지금까지 주켄에서 낙오한 사람들은 30여 년 동안 한 명도 없었습니다."

그에 따르면 "사람이란 어디에 어떤 재능을 감추고 있는지 모르는 존재"이기에 "회사가 그 재능을 발휘할 수 있는 환경만 잘 만들어주면, 직원들은 스스로 움직이고 성장하며 발전한다"고 한다.

그렇다면 직원들이 숨겨둔 재능을 끌어내는 환경은 어떻게 조성할까. 앞의 셈코가 무통제 경영을 통해 직원들에게 자율성을 부여했다면, 주켄은 "회사는 직원들이 안심하고 의지할 수 있는 곳이어야 한다"는 마쓰우라 사장의 철학을 바탕으로 '무규칙 경영'을 실행한다. 마

쓰우라 사장의 저서 『선착순 채용으로 세계 최고 기업을 만들다先着順採用,會議自由參加で世界一の小企業をつくった』를 보면, 이 회사엔 규칙이 없어도 너무 없다.7

출근부? 없다. 그냥 직원들이 알아서 출근하면 그만이다. 출장보고서? 없다. 출장비도 따로 내역을 올리지 않아도 된다. 정년? 없다. 60대야말로 한창 일할 나이니까! 계약서? 없다. 번거롭게 계약서는 무슨! 수억 엔이 걸린 계약이라도 주켄그룹 간에는 계약서를 작성하지 않는다.

규칙은 없지만, 직원들을 위한 제도는 무수히 많다. 1970년대 일본 중소기업 중 최초로 주5일제 근무를 실시한 것을 필두로, 직원이 아파서 입원한 동안에도 급여와 상여금을 전액 지급한다. 또한 퇴사한 직원이더라도 전화 한 통이면 언제든지 재입사가 가능하다. 그야말로 직원들이 안심하고 의지할 수밖에 없는 회사가 아닌가. 마쓰우라 사장은 말한다.

"기회와 동기를 부여하면 직원들이 스스로 일하게 되고, 기업은 저절로 굴러갑니다."

셈코와 주켄의 사례에서 보듯 셀퍼 조직은 무에서 유를 창조하는 것이 아니라 무를 통해 유를 만들어낸다. 규칙과 통제, 지시와 명령 등 직원들을 옭아매는 것들을 없앰으로써 스스로 일하고 변화하는 셀퍼들을 키우는 것이다. 아직도 예전의 경영철학, 즉 직원들을 규칙과 통제로 관리해야 하고 직원들은 지시와 명령을 충실하게 수행하는 사람들이라고 믿는 경영자가 있다면, 그런 경영자가 이끄는 조직은 퇴락의 길을 가고 있다고 생각해야 한다.

변화에 대한 가장 탁월한 대응은, 변화를 선도하는 것

와하하娃哈哈그룹을 아는가. 국내 독자에겐 다소 낯선 기업이겠지만, 중국에서는 글로벌브랜드 코카콜라마저 두려움에 떨게 하는 중국 음료업계 부동의 1위 기업이다.[8] 2012년 기준 와하하는 총 자산규모 300억 위안(약 5조 4000억 원), 전체 직원 수 3만여 명을 보유한 거대기업으로 이 회사의 창업자인 쑹칭허우宗慶后 회장은 2010년부터 3년 연속 중국 최고 부자로 선정되기도 했다.

와하하의 성공비결은 여러 가지가 있지만, 무엇보다 변화를 따라가기보다 주도한 '앞선 걸음'이 주효했다고 분석된다. 변화에 대한 가장 탁월한 대응은 변화를 선도하는 것이다. 1989년 음료수, 아이스크림 등을 학교에 납품하는 회사로 시작한 와하하는 이 경험을 통해 어린이용 식품의 가능성을 발견한다. 지금이야 어린이용 치즈, 어린이용 우유 등 각종 어린이 전문식품이 각광을 받고 있지만 그때만 해도 아이들을 위한 별도의 식품이 많지 않은 때였다. 변화가 오기 전 다가올 변화를 직감한 쑹칭허우 회장은 어린이용 음료수를 만들었고 시장의 뜨거운 반응을 이끌어냈다.

특히 과즙우유의 성공은 이후 와하하그룹이 승승장구하는 데 든든한 초석이 됐다. 우유가 아이들 건강에 좋다는 사실은 누구나 알고 있었지만, 당시만 해도 아이들은 우유 특유의 밍밍한 맛에 거부감을 표했다. 건강에 대한 관심이 날로 높아질수록 우유를 먹이려는 부모와 먹지 않으려는 아이들의 신경전이 늘어났다. 이에 아이들 입맛에 맞는 달콤한 과즙을 첨가한 우유를 개발함으로써 어른과 아이 모두를 만족시키며 대성공을 거둔 것이다.

변화를 좇기보다 변화를 만들어내는 와하하의 진취성은 신시장 개척에서도 빛을 발했다. 1998년 와하하는 코카콜라에 도전장을 내밀고 중국산 콜라 '페이창 콜라'를 출시했다. 그야말로 계란으로 바위를 치는 격이었지만, 와하하는 새로운 시장의 공략으로 승부수를 띄웠다. 코카콜라가 잠식한 대도시 대신 농촌에서부터 시장을 잠식해 들어가는 전략을 취한 것이다. 시골 구석구석까지 뻗어 있는 기존의 유통망을 활용했기에 가능한 전략이었다.

나 역시 중국에서 비즈니스를 해봤지만, 중국은 영토가 워낙 넓어 상품을 지방 곳곳으로까지 전파시키기가 쉽지 않다. 대도시에서 히트를 했다 해도 전국적인 인기를 끌기란 어렵다는 이야기다. 이와 관련, 중국 소비시장을 분석한 책 『트렌드 차이나』는 중국에서는 트리클 업trickle up보다 트리클 다운trickle down 전략이 주효하다고 설명한다.[9] 중국에서는 대도시의 인기에 힘입어 지방으로 뻗어나가는 것보다 오히려 다른 기업들이 진출하지 않은 지방들을 먼저 공략해 점차 영향력을 확장시키는 전략이 의미 있다는 것이다. 와하하는 트리클 다운 전략을 통해 코카콜라를 위협할 정도로 성장했고, 페이창 콜라는 현재 코카콜라, 펩시에 이어 중국 내 콜라 판매순위 3위를 차지하고 있다.

변화조차 '만들어내온' 쑹칭허우 회장은 비즈니스에서 중요한 가치로 역시 창신創新을 꼽는다. 창신이란 창조와 혁신의 줄임말이다. 그가 국내 언론과의 인터뷰에서 들려준 이야기다.[10]

"과거와는 상황이 많이 달라졌다. 내가 창업을 했던 때는 생산 부족의 시기였다. 그러나 지금은 생산 과잉의 시대다. 창업으로 돈을 벌 여지가 그만큼 줄어든 셈이다. 단기간에 큰돈을 벌 기회는 점점 줄어들고 있다. 그래서 창신이 중요하다. 그래야 기회가 생긴다. 한국이나 중국 모두 마찬가지다.

기존의 것에서 벗어나 새로운 영역을 개척해야 한다. 지금 젊은이들은 대부분 초조해하고 있다. 태도가 좋지 않다. 성공한 사람의 결과만 보고, 자기도 그와 마찬가지로 짧은 시간 내에 사업에 성공하려고만 한다. 과정을 보려고 하지 않는다. 그러나 인내심이 없으면 사업에 성공할 수 없다. 나도 창업 당시에는 오늘처럼 성공할 줄 몰랐다. 그때는 우선 먹고사는 문제부터 해결하려고 했다. 차츰차츰 발전한 것이 지금의 성공으로 연결됐다."

어떻게 변화를 선도하는 조직이 될 것인가

변화를 이끄는 조직, 변화를 주도하는 기업은 분명 매력적이다. 누구나 할 수 없는 일이기에 더욱 그렇다. 어렵지만 누군가는 해내고 있는 일이기도 하다. 그들은 어떻게 아무나 이룰 수 없는 변화를 만들어내고 있을까.

첫째, 한 걸음도 많다. 반걸음만 앞서라.

영선반보領先半步. 반걸음만 앞서라는 뜻의 이 사자성어는 쑹칭허우 회장이 밝힌 성공비결이자 경영철학이다. 변화를 만들었다고 해서 능사는 아니다. 다른 사람들이 열광하고 뒤따를 변화만이 의미를 지니는 법이다. 그래서 쑹칭허우 회장은 남들보다 반걸음만 앞서라고 조언한다. 너무 많이 앞서나가면 다른 사람들이 따라오기 벅차 포기하거나 아예 처음부터 외면해버리기 때문이다.

지금 다른 기업들이 하고 있는 방식에서 딱 반걸음만 더, 지금 소비자들이 환호하는 제품과 서비스에서 딱 반걸음만 더, 지금 세상을 움직이는 유행에서 딱 반걸음만 더 갔을 때 무엇이 있을지를 고민하면 시장을 움직일 변화를 창출할 수 있을 것이다.

둘째, 소비자에게 변화를 교육하라.

루이비통은 2011년부터 매장 내 고객 수를 제한하고 있다. 매장을 찾은 손님이 좀더 여유롭고 편안하게 제품을 구경하고, 직원도 손님 한 사람 한 사람에게 집중해 서비스할 수 있도록 택한 전략이다. 이로 인해 유통매장 패러다임에 일대 변화가 찾아왔다. 이전까지 매장은 누구에게나 열린 공간이었고 사람이 북적일수록 장사가 잘된다는 증거로 여겨졌다. 하지만 루이비통은 이전과 새로운 판을 만들어냈고,

이것이 얼마나 좋은 변화인지를 고객에게 인지시켰다. 설명하자면 이렇다.

'루이비통 매장은 하루에 들어올 수 있는 사람의 수가 정해져 있다. 그러니 매장을 방문한 당신은 '특별한' 고객이다. 당신은 매장에 들어선 순간부터 특혜를 받는 셈이다.' '많은 사람들이 매장에 들어오기 위해 줄을 서서 기다린다. 그만큼 가치 있는 제품이 이 매장에 가득한 것이다.'

자칫 불편하고 번거로울 수 있는 방식을 오히려 특별한 기회로 인식시킴으로써 소비자의 열광적인 반응을 이끌어낸 루이비통의 전략은 변화를 도모하는 많은 기업들에 시사하는 바가 크다. 변화를 만들었다면, 그 변화가 얼마나 가치 있고 의미 있는 것인지에 대한 설득과 설명이 필요한 것이다.

광속의 시대가 요구하는 새로운 인재, 브리콜뢰르

브리콜라주bricolage란 프랑스어로 '여러 가지 일에 손대기' 또는 '수리'라는 의미를 지닌 단어다. 프랑스의 인류학자 클로드 레비스트로스Claude Lévi-Strauss가 저서 『야생의 사고The Savage Mind』에서 인류가 부족사회를 이루면서 형성한 지적 활동을 일컫는 용어로 사용하면서 알려졌다. 브리콜라주를 행하는 사람, 즉 브리콜뢰르bricoleur는 한정된 도구와 재료를 갖고 넓은 범위의 다양한 일을 해야 했다.

변화의 물살에 올라탄 기업들이 브리콜뢰르를 육성해야 하는 이유가 여기에 있다. 언제 무엇이 변할지 모르는 세상에서는 자신이 갖고 있는 역량을 다양하게 활용할 수 있는 인재가 필요하다. 언뜻 브리콜뢰르는 다방면에서 뛰어난 능력을 펼치는 멀티플레이어와 비슷한 개념으로 보일 수 있다. 하지만 둘은 엄연히 다르다. 멀티플레이어가 여러 능력을 보유해 다양한 영역에서 성과를 내는 사람이라면, 브리콜뢰르는 자신이 가진 재능과 자원을 다양한 환경에 맞춰 활용하는 사람이다.

인도에서 가장 큰 민간기업 릴라이언스 인더스트리Reliance Industries의 창립자 디라즈랄 히라찬드 암바니Dhirajlal Hirachand Ambani는 전형적인 브리콜뢰르라고 할 수 있다. 그가 처음 회사를 설립할 당시 릴라이언스는 작은 직물 중개업체에 불과했다. 하지만 직물 중개업은 직물 제조업으로, 다음엔 석유화학제품 제조업으로, 또 석유업으로 가지를 뻗어나갔고 이를 통해 릴라이언스는 인도 국내총생산GDP의 3퍼센트를 넘는 연간 200억 달러의 매출을 올리는 회사가 됐다. 어떻게 직물 중개업이 석유업으로까지 확장될 수 있었을까. 암바니의 사업 수완이 뛰어나서? 그가 모든 분야에 탁월한 역량을 지닌 사람이라서? 모두 틀렸다고 할 수는 없지만 정답은 아니다.

암바니는 자신이 가진 자원과 환경의 변화를 접목시킬 줄 아는 인물이었다. 그는 직물 중개업을 통해 얻은 직물에 대한 전문적인 지식을 바탕으로 직물 제조업에 뛰어들었다. 그리고 여기서 얻은 제조에 대한 노하우를 바탕으로 석유화학제품 제조업을 시작했고, 1990년대 말 국영 정유사업에 문제가 생기는 변화를 포착해 석유업으로 영역을 확장한 것이다.

이제 기업에 필요한 인재는 한 분야에 탁월한 능력을 자랑하는 스페셜리스트도, 다재다능한 멀티플레이어도 아니다. 자신의 재능과 기업의 한정된 자원을 변화에 맞춰 다양하게 활용할 수 있는 사람, 브리콜뢰르만이 적은 자원으로 최대의 효과를 올릴 수 있는 '저비용 고효율의 인재'라고 할 수 있다.

브리콜뢰르를 육성하는 순환보직제도

조직에서 브리콜뢰르를 육성하기 위해선 어떻게 해야 할까. 여러 방법이 있겠지만, 특히 순환보직이 인재 관리의 중요한 부분이라고 생각한다. 다양한 분야를 경험하면서 변화에 대한 대응력을 키우고, 다른 것과 다른 것의 접목을 가능케 할 수 있는 제도이기 때문이다. 앞서 밝혔듯 나 역시 커민스에 선임연구원으로 입사해, 제품 기획 담당 매니저로 보직을 바꿨고, 이후 국제사업부로 옮겨 한국사업 담당 매니저가 됐다. 이후로도 커민스차이나 총괄 사장, 커민스 엔진사업부의 아시아 비즈니스 총괄로 역할이 바뀌었다. 한 회사에서 28년을 일하면서 주요 보직을 다섯 번 바꾼 것이다.

보직을 바꾸는 것이 쉬운 일은 아니다. 직원 입장에서는 새로운 보직에 대한 전문성 결여를 염려하고, 적응에 대한 두려움을 가질 수밖에 없다. 조직에서도 구성원 한 사람의 보직을 바꾸려면 연쇄적인 재배치를 해야 하는 어려움이 있다. 그러다보니 대부분 회사에서는 새로운 사업이나 팀이 신설됐을 경우나 결원이 생긴 경우에만 제한적으로 보직 변동을 허용한다. 이런 환경에서는 넓은 경험과 안목을 가진 미래의 리더를 기대하기는 어렵다. 기업에서 3~5년 주기의 순환보직을 시행하게 되면 부서장이나 팀장들의 부서 독점주의 또는 지나친 독립주의를 완화시킬 수도 있다.

세상은 빠르게 변한다. 그 속도에 발맞추려다보면 가랑이가 찢어질 지경이다. 하지만 셀퍼 조직은 변화를 따르는 대신 변화에 몸을 던져 변화를 체화하고, 때로는 아예 변화를 만들어내 흐름을 이끌기도 한다. 안정된 질서에 안주하기보다 무질서의 변화를 즐기는 것, 셀프 시스템을 갖춘 조직만이 가능한 일이다.

위아래가 아닌
상하좌우,
360도로 통한다

한 호텔에 유명 팝가수 일행이 찾아왔다. TV에서나 보던 유명인을 직접 만난 기쁨에, 데스크에서 일하던 직원은 온 정성을 다해 최상의 서비스를 제공했다. 그들이 호출하지 않아도 알아서 필요할 법한 물건들을 가져다주는 것은 물론, 공연으로 피곤한 가수를 위해 피로를 푸는 데 좋은 음료도 선물했다. 하지만 다음날 그들은 팁은커녕 고맙다는 인사 한마디 없이 떠나버렸다.

자신이 한 일에 대해 전혀 인정받지 못했을 때의 기분이 얼마나 비참하고 억울한지에 대해 뼈저리게 느낀 직원은 결심한다. 누군가 나를 위해 무엇을 했을 땐 크든 작든 반드시 보상을 주겠다고. 그리고 몇십 년 후, 한 기업을 이끄는 CEO가 된 청년은 직원들 앞에서 공언한다.

"저의 비전은 단 하나입니다. 노력한 자에게 아낌없는 보상과 칭찬을 주는 회사를 만들겠다는 것입니다."

피자헛, KFC 등을 보유한 세계 최대의 외식업체 얌브랜드Yum! Brands의 CEO 데이비드 노박David C. Novak의 이야기다. 실제로 얌브랜드에서는 회사의 가치를 높인 직원에게 '돈을 보여줘상', 긍정적인 인상을 남긴 직원에게는 '발자국상' 등을 수여한다. 얼핏 유치해 보일 수도 있지만, 재미있고 자연스럽게 서로의 공로를 축하하자는 의미의 제도다. 보상과 칭찬이 단순히 상대가 한 일에 대한 대가의 개념은 아니다. 그보다는 함께 가기 위해 필요한 배려에 가깝다. 노박은 혼자서는 절대 성공할 수 없다는 신념을 갖고 있는데, 이를 토대로 독자적인 교육프로그램 '함께 나아가기Taking People With You'를 개발했다. 그 프로그램을 토대로 함께하는 기업의 성장전략을 정리한 책 『이기려면 함께 가라Taking People With You』를 보면, 셀퍼와 함께 성장하는 조직이 어떻게 가능한지가 잘 드러난다.11

한 예로 얌브랜드는 여러 글로벌기업들이 행하는 '360도 피드백 제도'를 시행하고 있다. 보통의 기업은 업무방식이나 신규사업 아이디어 등에 대해 상사에게 보고하고, 그의 피드백을 토대로 진행한다. 만약 상사가 부정적인 피드백을 준다면 전면 재수정에 들어가거나 심한 경우 아예 없던 일로 만들기도 한다. 하지만 이렇게 사장된 아이디어 중 세상을 바꿀 놀라운 혁신이 없을 거라고 누가 장담하겠는가. 그래서 얌브랜드에서는 상사뿐 아니라 동료, 부하직원에게도 피드백을 받고 있다. 상사 역시 부하직원의 피드백을 토대로 아이디어를 추진한다니 낯설게 느껴질 수 있지만, 직급에 제한받지 않는 소통만이 탁월한 성과로 이어진다는 믿음에서다. 이런 믿음은 노박의 이야기에서도 잘 드러난다.

"훌륭한 그림, 즉 걸작은 지구상에 단 하나밖에 없는 유일한 그림이다. 당신 역시 훌륭한 작품이다. 당신과 똑같은 DNA를 가진 사람은 이 세상에 존재하지 않는다. 당신이 유일하다. 최고의 리더들은 자신이 타인과 다르다는 것을 알고 있다. 그리고 그들 스스로 자신만의 장점, 단점, 독특한 관심사, 지식을 가지고 있다는 것을 알고 있다. 그들은 언제나 진행중인 작품이다."

또한 얌브랜드에서는 보스^{boss}라는 단어 대신 코치^{coach}라는 용어를 사용한다. 상사는 지시를 내리는 사람이 아니라, 조직원의 재능을 발견하고 능력을 향상시키는 사람이라는 정의를 명확히 공유하기 위해서다.

아부 대신 피드백, 지시 대신 코칭이 자리하는 것은 셀퍼 조직의 주요한 특징 중 하나다. 설사 상사의 의견이더라도 무조건 좋다며 아부하지 않는다. 대신 정확하고 냉철한 피드백으로 그의 의견이 구체화되도록 돕는다. 또한 상사는 부하직원에게 일방적으로 업무를 지시하는 대신, 그가 잘 수행할 수 있는 업무를 살피고 업무의 진행과정마다 적절한 피드백을 던진다. 오가는 덕담 속에 정이 싹트듯, 오가는 피드백 속에 성과가 싹트는 것이다.

뛰어난 상사는
코치처럼 행동한다

축구와 같은 운동경기에서 코치의 역할은 분명하다. 우선 경기의 목표 자체가 단순하고 뚜렷하다. 목표는 단 하나, 경기에서 이기는 것이다. 이를 위해 코치는 선수들의 개인적인 성향부터 행동습관, 기본체력, 기술에 이르기까지 총체적인 정보를 바탕으로 프로그램을 짜고 훈련을 진행한다. 아주 사소한 부분일지라도 제대로 파악하지 못하면 훈련에 문제가 발생할 수 있기 때문에, 선수에 대해 집요하게 파고드는 것도 코치의 역할이다.

또 경기에 대한 기본전략을 수립하고, 선수들이 그 전략을 제대로 이해해 수행할 수 있도록 충분히 소통하는 데 만전을 기한다. 일단 경기가 시작되면 코치는 사이드라인에서 지켜볼 수밖에 없기 때문이다. 경기의 운영과 전술적 판단은 선수들을 믿고 맡기는 수밖에 없다. 경기의 승패는 선수들의 판단력과 기술, 투지에 의해 결정된다. 코치는 그 판단력과 기술, 투지를 키우도록 돕는 사람이지, 직접 필드에서 뛰는 사람이 아닌 것이다.

김성근 고양원더스 감독은 '야구의 신'으로 불린다. 그는 1969년 마산상고 감독을 시작으로 45년간 지도자생활을 하며 바닥을 기던 팀들을 강력한 우승후보로 탈바꿈시켰다. 특히 신생팀이나 다름없던 SK 와이번스를 맡은 첫해, 단숨에 우승팀으로 등극시킨 업적은 프로야구계에서 전설처럼 내려온다. 그의 손을 거치면 어떤 둔재도 야구 천재로 거듭난다는 조련의 명수로도 유명하다. 오직 이기기 위해 승부의 재미를 떨어뜨리는 전략을 구사하는 바람에 야구팬들로부터 원성을 사기도 했지만, 사람을 키우는 그의 능력에 있어서만은 이견을 다는 사람이 많지 않다.

김감독은 '대한민국 프로구단에서 가장 많이 쫓겨난 감독'으로도 알려져 있는데, 프런트의 눈치를 보지 않고 오직 선수들을 육성하고 팀의 실력을 키우는 데 힘쓰다가 눈 밖에 난 경우가 많았기 때문이다. 일례로 야구선수로서는 생명이 끝난 것과 다름없는 불치병으로 위기에 처한 선수에게 사비를 털어 일본 병원행을 주선했다가 구단과 크게 싸운 적도 있다. 어쩌면 선수의 앞날까지 책임질 필요는 없었을지도 모른다. 감독의 역할은 선수들을 육성하고 이로써 경기를 승리로 이끄는 것에 초점이 맞춰져 있으니 말이다. 그러나 김감독은 경기장 안에서는 철저히 승리를 목표로 움직여도 경기장 밖에서는 사람을 중심으로 움직이는 사람이었다.

이런 그의 철학은 자신의 책 제목 '리더는 사람을 버리지 않는다'에서도 잘 드러난다. 40여 년의 감독생활에서 배운 리더십을 정리한 이 책에는 사람을 키우는 리더십이 무엇인지에 관한 통찰이 잘 드러나는데, 몇 구절 옮겨보면 다음과 같다.[12]

"중요한 건 생각이다. 기술은 못하면 바꿀 수 있지만 생각을 못 바꿔서 좌절하는 선수들이 많다. 그때는 물이 가득찬 풍선을 한번 바늘로 찔러줘야 한다. 주사기 역할을 해주어야 하는 것이다. 하지만 잊지 말아야 한다. 리더가 순간순간 선수들을 힘들게 몰아붙이더라도 거기에는 늘 애정이 있어야 한다."

"리더는 선수가 오로지 야구에만 집중할 수 있도록 조건을 만들어주어야 한다. 나는 늘 그런 생각을 가지고 있다. 리더는 사람을 버리지 않는다. 화살이 날아오면 화살을 막아주고 창이 날아오면 창을 막아주어야 한다. 나무 방패 정도로는 안 된다. 철로 된 방패가 되어주어야 한다."

스포츠계 리더의 이야기지만, 비즈니스계 리더에게도 시사하는 바가 크다. 김감독은 "쓸모없는 사람은 없다. 다만 이를 알아보지 못하는 리더만 있을 뿐"이라고 강조한다. 만약 상사가 이런 생각을 갖고 직원의 재능을 발견하고 키워주고자 애쓴다면, 어떤 직원이라도 따르지 않을 리 없다. 상사가 코치처럼 직원들이 좋은 성과를 이루도록 전략을 수립하고 필요한 업무지식 등을 지원하면, 자연스럽게 다음과 같은 팀워크가 형성된다.

- 일치된 목표를 공유하게 된다.
- 각자의 역할이 분명해진다. 상사는 직원들에 대한 훈련을 담당하고 과제에 대한 기본전략을 수립한다. 직원은 업무를 제대로 수행하기 위한 지식을 축적하고 능력을 계발한다. 즉 직원은 전

술적인 책임을 맡는다.

• 과제가 성공적으로 수행되면 보상을 공유한다.

셀퍼 조직은 위아래로 흐르지 않는다. 상하좌우, 360도로 통한다. 즉 상사와 부하, 선배와 후배의 경계 없이 모두가 동등한 입장에서 의견을 개진하고 협업하며 공동의 성과를 창출하는 것이다.

행동을 부르는 질문의 힘

상사가 코치의 역할을 수행하기 위해서는 질문을 잘하는 요령이 필요하다. 코칭의 핵심은 해법 제시가 아니라 직원 스스로 문제점이나 새로운 사고를 깨우칠 수 있도록 돕는 데 있기 때문이다.

첫째, 질문으로 생각을 유도하라.

유능한 상사는 질문을 통해 직원들이 문제점이나 위험요소들을 인식하고 대안을 생각하게 유도한다. 역사상 가장 훌륭한 질문의 대가는 아마도 예수일 것이다. 예수는 수많은 도전적이고 은유적인 질문, 예를 들어 "어찌하여 형제의 눈 속에 있는 티는 보고 네 눈 속에 있는 들보는 깨닫지 못하느냐?"와 같은 질문을 통해 사람들이 의식과 행동을 바꾸도록 이끌었다. 상사가 직원들에게 던져야 할 질문이 바로 이런 것이다. 바꿔 말하면 직원들이 스스로 깨우쳐가는 데 도움을 주는 질문들을 던져야 한다는 뜻이다.

둘째, 질문으로 점검의 기회를 마련하라.

대부분의 조직에서 질문하는 사람은 상사이고 대답하는 사람은 직원이다. 상사에게 질문했다가 무능력하다는 평가를 받거나 무례하다는 인상을 남길 수도 있다는 두려움에, 질문을 주저하는 직원이 많다. 따라서 상사는 직원들에게 스마트한 질문을 던져야 한다. 스마트한 질문이란 개방형 질문이다.

폐쇄형 질문은 단답형의 대답밖에 기대할 수 없다. "이 과제가 잘 되리라고 생각합니까?"와 같은 질문은 "네, 그렇습니다"라는 답밖에 유도하지 못한다. "이 과제를 잘하기 위해 필요한 것들이 무엇이라고 생각합니까?"와 같은 개방형 질문이 깊이 있는 대화를 가능하게 한다. 과제를 수행하는 데 어떤 어려움이 있는지, 타 부서와 어떻게 협조를 도출하고 있는지, 예측되는 문제점과 결과에 대한 생각은 어떠한지 등의 질문은 직원들이 올바른 방향으로 과제를 풀어가고 있는가를 점검할 수 있는 기회이기도 하다.

칭찬은 공개적으로, 질책은 일대일로

일을 잘하는 직원들을 칭찬하는 데에도 몇 가지 원칙과 요령이 있다. 막연하고 추상적인 칭찬은 금물이다. 즉 '홍길동 대리는 일을 열심히 한다' 수준의 칭찬은 본인에게 별다른 감흥도 주지 못할 뿐 아니라 자칫하면 팀워크를 해칠 수 있다. 대부분의 직원들은 스스로 일을 열심히 한다는 자의식을 갖고 있기 때문이다.

직원이 과제를 잘 마무리한 경우에는 여러 팀원이 모여 있는 회의

석상에서 발표할 기회를 주는 것이 좋다. 발표하는 직원의 능력과 성과가 다른 직원들에게 자연스럽게 인정받는 기회를 만들어주는 것이다. 가장 좋은 칭찬의 장소는 공식적인 장소, 예를 들면 임원회의 자리다. 임원회의를 마치기 전 특별히 칭찬할 직원들을 불러 구체적인 성과를 소개하고 박수를 받게 하는 것이다.

칭찬은 공개적으로 하는 것이 좋은 반면, 질책은 일대일로 해야 한다. 많은 상사들이 범하는 실수 중에 가장 좋지 않은 것은 공개적인 자리, 특히 여러 임직원들이 모인 공식회의 석상에서 특정 직원들을 꾸짖는 것이다. 물론 상사는 직원을 아끼는 마음에서, 그리고 격려하는 마음으로 권면하거나 꾸짖는 것이라고 생각할 수 있다. 하지만 그런 대상이 된 직원은 깊은 상처를 입게 되고, 이 상처는 아무리 다른 보상이 주어진다고 해도 완전히 아물지 않는다.

어떤 상사들은 공개적으로 한 직원을 꾸짖으면 다른 직원들에게도 약이 될 것이라는 착각을 한다. 꾸짖고 나서 회식 등의 장소에서 '당신이 미워서 야단친 것이 아니다'라고 변명해봐야, 시위를 떠난 화살처럼 이미 되돌릴 수 없는 일이다. 꾸지람할 만한 일이 있다면 일대일 회의를 통해 하는 것이 가장 바람직하다. 중대한 사안에 대해서는 인사 담당을 같이 배석해 감정을 배제하고 공식적으로 진행하는 것이 효과적이다.

규제와 통제는 솔루션이 아니다

우리나라 공공기관의 폐쇄회로 카메라, 즉 CCTV는 2012년 46만 대를 넘어섰다고 한다. 속도 제한이 교통사고를 줄인다는 전제하에 속도 감시 카메라가 늘어났기 때문이다. 하지만 안타깝게도 카메라가 효과를 발휘하는 곳은 카메라가 있는 곳뿐이다. 많은 운전자들이 카메라 근처에서만 속도를 줄였다가 다시 과속으로 달리는 경우가 허다하다.

규제는 필요하다. 단기적인 효과도 있다. 하지만 규제주의는 장기적인 솔루션이 될 수 없다. 규제는 또다른 규제를 낳게 마련이고 규제를 피하는 방법도 계속 개발된다. 직장에서도 마찬가지다. 규제에 익숙한 조직은 통제적인 경영을 하게 된다. 통제적 경영의 특성은 변화나 혁신을 리스크라고 보는 시각을 가지고 있다는 것이다. 앞서 언급한 인텔의 경영 스타일이 여기에 해당하는 경우라고 할 수 있다. 이런 조직의 경영진들은 권한을 위임하는 것을 불편하게 생각하고 직원들 역시 반드시 필요한 일, 최소한의 일만 하게 된다.

'왜Why'의 문화를 가진 기업과 '왜 안 돼Why not'의 문화를 가진 기업의 차이는 매우 크다. 무슨 일을 하든 "그걸 왜 하려고 해?"라는 질책이 날아드는 조직에서는 직원들이 새로운 발상이나 제안을 하기가 어렵다. 반면 아무리 엉뚱한 시도라도 "왜 안 돼? 일단 해보자"라며 독려하는 조직에서는 직원들이 도전과 모험을 멈추지 않는다.

게리 해멀 교수는 인간의 능력을 복종, 근면, 지성, 추진력, 창의성, 열정으로 구분한다.13 이런 능력들이 기업의 가치를 창출하는 데 얼마 정도의 기여를 하는가에 대해서 상대적인 수치를 들어 설명한다. 열정 35퍼센트, 창의성 25퍼센트, 추진력 20퍼센트, 지성 15퍼센트, 근면 5퍼센트, 복종 0퍼센트 정도로 가치를 창출한다는 것이다. 즉 규제와 통제를 통한 복종은 아무런 가치도 창출할 수 없다는 의미다. 상사의 지시에 순종하고 부지런하지만 추진력이나 창의성이 결여된 직원들은 성과의 가치사슬에서 큰 성과를 내기가 힘들다. 따라서 직원들이 열정과 창의력을 바탕으로 새로운 과제들을 추진할 수 있도록 좀더 자유롭게 일할 수 있는 환경을 조성해주어야 한다.

리더가 귀를 열면,
직원은 입을 연다

페루의 작은 도시 찬차마요 시. 이름조차 생소한 도시이지만 이곳의 시장이 한국인이란 사실을 알고 나면 생경함은 호기심으로 변모한다. 다큐멘터리 〈SBS스페셜〉은 2013년 신년 기획으로 제작된 '리더의 조건' 편을 통해 지금 우리 사회가 원하는 새로운 리더십의 모습을 조명했다. 찬차마요 시의 정흥원 시장도 이 프로그램을 통해 소개됐는데, 그와 관련해 보다 자세한 이야기가 방송을 엮은 책 『리더의 조건』에 실려 있다.14

찬차마요 시민들은 어려운 일이 생기면 당연하다는 듯 "정시장에게 가보라"고 말한다. 실제로 그를 만나기 위해 브라질에서 일주일 넘는 시간을 들여 버스를 타고 찾아오는 사람도 있고, 안데스산맥을 넘어오는 사람도 있을 정도란다. 도대체 정시장이 어떤 해결책을 제시하기에 사람들의 발길이 끊이지 않는 걸까? 사실 그는 별다른 해법은 갖고 있지 않다. 대신 두 가지 부분에서 보통의 리더와 확연히 다른 차이를 지닌다.

첫째, 그는 어떤 이야기든 들어준다. 그것이 아무리 사소한 이야기일지라도.

정시장을 찾아오는 사람들의 사연은 가지각색이다. 어떤 사람은 남편이 죽은 뒤 재산을 빼앗겼다며 이를 찾아달라고 호소하고, 어떤 사람은 집안 형편이 어려워 수학여행을 갈 수 없다며 울음을 터뜨리기도 한다. 시장이 해결하기엔 지극히 개인적이고 사소한 이야기 같지만, 정시장은 묵묵히 들어준다. 그리고 그가 이야기를 들어준다는 사실만으로 사람들은 자신의 고충을 알아준다는 위안을 얻는다.

사실 우리가 고민이나 문제를 상담할 때 상대로부터 해답을 원하는 경우는 많지 않다. 대개는 이야기를 털어놓을 상대가 필요할 뿐이다. 그렇기에 리더는 듣기만 잘 들어도 많은 조직원의 문제를 해결해 줄 수 있다. 상대가 내 이야기에 귀를 기울여준다는 것, 그것이 설사 반영되든 반영되지 않든 내 의견이 존중받는다는 느낌만으로 조직원은 나름의 만족을 얻을 수 있기 때문이다.

리더가 귀를 열면, 조직원은 입을 연다. 뚜렷한 해결책이 도출되거나 당장의 피드백이 전해지지 않더라도 자신이 지금 느끼는 생각과 의견을 조직에 전할 수 있다는 사실만으로도, 조직원은 자신이 단순히 소모되는 부속품이 아니라 중요한 엔진 역할을 한다고 받아들일 수 있다.

둘째, 경청한 후 그는 반드시 지킬 수 있는 약속만 했다.

수많은 사람들이 정시장을 찾아와 답을 구하지만 그가 명확한 답을 내놓는 경우는 많지 않다. 사실 자신의 명성과 인기를 관리하고자 들면 그것을 나중에 지키든 말든 일단은 시민들에게 듣기 좋은 약속을 남발할 수 있을 것이다. 하지만 정시장은 상대가 흡족해할 만한 대답을 내놓지 않았다. 대신 자신이 반드시 지킬 수 있는 약속만 했다. 해결할 수 있는 범위에 대해서만 확답을 내놓고, 해결이 불분명한 범위에 대해서는 추후에 다시 답을 주겠다는 식으로 이야기를 정리한 것이다. 대신 언제까지, 어떤 식으로 답을 줄지에 대해서는 최대한 구체적으로 설명했다.

이런 태도가 시민들로부터 더 큰 신뢰를 얻을 수 있는 비결이었다. 허튼 약속은 하지 않는 리더, 대신 한번 건넨 약속은 반드시 지키는 리더라면, 누구나 그에게 자신이 느끼는 문제를 허심탄회하게 이야기하고 그가 시정하겠다고 하면 의심 없이 받아들이지 않겠는가.

360도로 통한다는 것은 단순히 상하 구분 없이 모두가 자유롭게 소통하고 협업하는 구조만을 지칭하지 않는다. 의견이 전달되면 그것이 실행으로 옮겨지고, 그 실행이 또다른 의견으로 발전하는 말과 행동, 피드백과 실천의 선순환이 이루어질 때 진정 360도로 움직이는 셀퍼 조직이 되는 것이다.

자라기만 하고
키우지 못하면
반쪽짜리 능력이다

30여 년의 직장생활 중 가장 잘한 일로 기억하는 것은 후계자 양성이다. 후계자라는 단어가 다소 불편할 수도 있겠으나, 굳이 이 단어를 사용한 데는 그만한 이유가 있다.

1991년 커민스코리아의 사장으로 재직하던 당시, 30대 초반의 과장급 직원 두 명을 채용했다. 현지법인을 맡은 지 얼마 되지 않은 시점이었기에, 관련 분야에 경험이 많은 경력자를 찾아야겠다는 마음도 있었다. 바로 실전에서 능력을 펼칠 수 있는 직원을 뽑아야 좀더 일이 효율적으로 돌아갈 수 있다는 생각이었다. 하지만 고심 끝에 사회생활 경험도 많지 않으며 관련 분야의 경력은 더더욱 적은 사람을 채용하게 됐다.

이유는 이랬다. 그들은 갖고 있는 재능은 많으나 아직 그 능력을 펼쳐본 적 없는 사람들이었다. 그런 이들과 함께 커민스코리아만의 독특한 문화를 조성하고 싶었다. 직원들이 싹을 틔우고 꽃을 피울 수 있는 토양을 제공하는 회사를 만들고 싶었던 것이다. 초반에는 다소 힘들지언정 그것이 회사를 더 오래 성장시킬 수 있는 비결이라고 믿었다.

직원과 함께 크는 조직, 조직과 함께 크는 직원이 만들어내는 시너지는 단순히 성장의 문제가 아니다. 그 과정에서 서로에 대한 신의가 생기고 일에 대한 책임감과 회사에 대한 충성도가 커지며, 이는 어떤 비바람에도 흔들리지 않는 견고함으로 작용한다. 이미 능력이 만개한 직원을 수혈해서는 불가능한 일이다. 다른 회사에서 많은 경험을 쌓고 능력을 키운 사람은 새로운 조직에 흡수되는 일이 쉽지 않다. 자신이 잘해온 기존의 방식을 버리기가 어렵기 때문이다. 물론 어려울 뿐 불가능한 일은 아니다. 다만 그때는 어차피 새로운 법인이 출범했으니 새로운 인재와 일해야겠다는 생각이 강했던 것이다.

처음엔 힘들었다. 업무 관련 지식이나 경험이 없으니 하나부터 열까지 알려주고 챙겨야 했다. 하지만 그런 시간은 오래가지 않았다. 검증되지 않은 자신들에게 투자한 회사에 대한 신뢰와 일에 대한 강한 열의는 빠른 습득으로 나타났다. 그들은 또래의 동료들에 비해 시작이 늦은 편이었다. 하지만 어느덧 회사에서 가장 '빠른 사람'이 되어 있었다. 커다란 열정과 굳은 의지로 열심히 정진하다보니 가장 빨리 승진하고 가장 빨리 연봉이 오르는 사람들이 되어 있었던 것이다. 내가 커민스코리아 대표이사에서 물러날 때, 두 사람은 두 개 사업부의 대표가 되어 있었다.

부하직원 코칭이나 멘토링 같은 표현 대신에 굳이 후계자 양성이라고 쓴 이유가 여기에 있다. 그들을 채용할 당시 단순히 업무에 필요한 사람을 뽑은 것이 아니었다. 뒤를 이어 대표를 맡을 잠재적 리더를 찾았다. 그리고 리더로 성장할 수 있도록 적극적으로 도왔다. 공부할 기회도 제공했고 본사나 다른 조직에서 일할 수 있는 기회도 마련해주었다. 커민스에서뿐 아니라 직원을 채용할 때마다 다음과 같은 원칙을 고수했다.

- 출신 학교나 학점에는 무게를 두지 않는다.
- 경력은 참고사항으로만 본다.
- 긍정적인 성격의 소유자인지를 확인한다. 대부분의 면접시간은 이를 확인하는 데 쓴다.
- 채용 결정에 대한 거부권을 행사할 수는 있어도 채용 결정 여부는 해당 부서장과 인사 담당 임원에게 위임한다. 채용할 부서장에게는 향후 전문가로 성장할 자질을 갖추었는지를, 인사 담당자에게는 팀워크를 갖고 있는지 판단하게 한다.
- 회의실보다는 식당이나 커피숍 등 자유로운 분위기에서 면접을 진행한다.

이러한 원칙은 어떤 사람을 성장시킬 것인가의 관점에서 나온 것이다. 기본적으로 셀퍼들은 자신의 성장과 발전에 가장 큰 관심을 보이고 많은 부분을 할애한다. 하지만 조직에 몸담은 이상 자신만의 성장으로는 부족한 시기가 찾아온다. 어느 정도 경력이 쌓이고 연차가 올라가면 리더의 자리에 오르게 된다. 이때부터 자신뿐 아니라 부하직원의 성장까지 도모할 수 있어야 한다. 부하직원의 성장이 곧 자신의 성장인 시기가 찾아오는 것이다.

리더의 역할은
성장이 아닌 조력

"나보다 더 나은 후배를 양성하는 것, 그것이 관리자로서 최고의 덕목이다."

하워드 슐츠Howard Schultz 스타벅스 회장의 말이다. 하지만 내가 아닌 타인을 성장시키는 것은 결코 쉬운 일이 아니다. 글로벌기업 P&G의 경우를 보자. 2000년부터 2009년까지 P&G의 CEO를 지낸 후 은퇴했던 A.G. 래플리A.G. Lafley 회장이 최근 이사회의 요청으로 CEO 겸 회장으로 복귀했다. 흥미로운 사실은 래플리 회장이 돌아오면서 CEO에서 물러나게 된 인물이 래플리가 직접 후계자로 지명했던 사람이라는 것이다.

밥 맥도널드Bob McDonald 전 회장은 P&G에서 33년간 일하며 잔뼈가 굵은 베테랑이었지만, 회장 취임 3년도 되지 않아 불명예스러운 퇴진의 주인공이 됐다. 맥도널드의 능력이 부족했던 것은 아니다. 그가 신임 CEO로 취임한 2009년은 미국 경기가 심각한 침체기에 빠졌을 때였다. 불경기에 접어들면서 고객들은 P&G의 고급 제품보다는 가격이 저렴한 타 회사 제품에 눈을 돌렸고, 결국 P&G는 주요 제품의 시장점유율을 잃어버렸다. 그는 최선의 노력을 다했지만 상황은 나아지지 않았다. 더욱이 너무도 뛰어났던 전임자는 맥도널드에게 큰 걸림돌이었다. 사사건건 전임자와 비교되면서 그의 능력과 노력은 평가절하됐다.

래플리 회장이 경영에서는 탁월한 능력을 발휘했을지 모르지만 후계자를 육성하는 데는 실패한 것이 분명하다. 리더의 역할은 자신의 성장이 아닌 타인의 조력에 있다. 스스로의 역량은 뛰어나지만 타인을 키울 줄 모르는 리더는 반쪽짜리 성공을 거둔 것이라고 해도 과언이 아니다.

리더에게 요구되는 두 가지 인식

리더들은 많은 경우 스스로의 리더십에 대해 과신한다. 본인이 스스로 평가하는 리더십과 상사나 동료 그리고 부하직원들이 평가하는 리더십의 차이가 크다는 통계결과도 있다.[15] 왜 이런 상황이 빚어지는 걸까. 이는 잘못된 현실 인식에서 비롯된다. 현실 인식은 크게 두 가지로 나뉜다.

첫째, 자기 자신에 대한 인식self-awareness**, 즉 자의식을 말한다.**
"너 자신을 알라"는 그리스의 격언은 오늘날의 리더들에게도 해당된다. 자기 자신에 대한 이해가 부족하면 자신의 행동에 대해 제대로 인식하기 힘들다. 자신이 무엇을 잘못하고 있는지 모른다는 뜻이다. 작은 일에도 화를 잘 내는 상사 또는 대부분의 일에 대해 부정적인 직원들이 자인식이 결핍된 경우라 할 수 있다.

둘째, 사회성 인식social awareness**의 능력이다.**

즉 나를 둘러싸고 있는 다양한 사람들과의 감정 교류, 공감 형성을 이루는 능력을 말한다. 이기적인 성향의 사람이 임원으로 승진하면 부서원들은 자신들의 사정을 이해하지 못하는 상사를 만나게 되어 마음고생을 한다. 반대로 이런 성향의 조직원들을 둔 상사는 외로움을 느끼게 된다. 이런 관계에서 진심의 대화는 불가능해진다.

진정한 리더는 자기 자신을 명확히 인식해 스스로의 문제를 개선하고, 사회성 인식을 통해 직원과 교감하고 교류하며 그의 성장을 돕는 사람이다.

임파워먼트가 아닌 자율권이 필요하다

직원들이 주인의식을 갖고 적극적으로 과제를 수행하기 위해서는 적당한 선의 권한을 부여받아야 한다. 어느 정도의 권한 위임 없이 과제를 수행할 수는 없다. 달리 말하면, 과제의 수행 없이 조직의 권한이 직원들에게 위임되는 경우 또한 드물다.

권한의 위임은 과제의 성격에 따라 그 범위가 달라진다. 하지만 대개의 경우 '무엇을' 할 것인가를 결정하는 권한보다는 '어떻게' 할 것인가를 결정하는 권한을 뜻한다. 보통 과제는 여러 번의 시행착오를 거쳐 가속이 붙으며 점차 발전을 거듭한다. 시행착오를 할 수 있는 범위에 대한 권한을 부여하는 것이 바로 과제를 통한 권한의 위임이다.

사실 권한의 위임, 즉 임파워먼트^{empowerment}는 소극적인 개념이다. 모든 조직의 권한은 경영진에 있다는 기본사고를 바탕으로 하기 때문이다. 구성원이 과제를 수행하는 동안 경영진의 고유 권한을 잠시 빌려준다는 행간이 읽힌다. 마치 과거 전쟁에 군사를 이끌고 나가는 지휘관에게 왕이 보검을 내려주던 것과 마찬가지다. 왕을 대리해 군대 지휘권을 위임하지만 전쟁에서 돌아오면 그 지휘권을 다시 거뒀던 것과 비슷하다는 이야기다. 위임은 문자 그대로 권한의 소유권은 바꾸지 않는다는 의미다.

반면 자율권은 임파워먼트보다 적극적인 개념이다. 권한의 '양도'를 의미하는 것이기 때문이다. 직원의 조력자로 일하는 리더란, 직원에게 자율성을 부여하면서도 그 자율성을 활용해 조직의 성과로 연결하는 사람이다. 자율성을 보장하기 위해선 사전에 상사와 직원 사이에 과제의 목표가 공유돼야 한다. 그 목표가 왜 중요한지, 왜 달성해야만 하는지에 대한 이해도 필요하다. 이후 목표에 어떻게 도달할 것인지에 대해서 직원들이 자율적인 판단을 하도록 하는 것이 권한 양도의 핵심이다.

어떻게
평가할 것인가

리더가 겪는 어려움 중 하나는 고과의 공정성이다. 고과방식에 대해 만족하는 직원은 없다고 해도 과언이 아니다. 특히 국내기업에서의 상대평가는 그 신뢰도가 매우 낮은 것으로 나타난다. 왜 이런 결과가 나타나는 것일까?

잭 웰치^{Jack Welch} GE 전 회장이 오랫동안 인사정책으로 행했던 '20:70:10 제도'는 상대평가의 대표적 사례다. 소위 활력곡선^{vitality curve}이라고 불리는 이 시스템은 성과와 잠재적 능력을 기본으로 상위 20퍼센트에게는 높은 고과를, 70퍼센트에게는 보통의 고과를 주고, 나머지 10퍼센트는 퇴출 조치를 취하는 방식으로 진행된다.

이런 인사정책은 의도하지 않게 직원들을 분열시키는 결과를 낳는다. 상대적으로 낮은 고가를 받은 사람은 상사가 불공평하다고 자기합리화를 해버릴 확률이 크며, 이는 상사와 조직에 대한 불만으로 이어지게 된다. 두산에서는 얼마 전 회사원들의 고가 순위를 수치화해 매기던 제도를 폐지했다고 한다. 미국의 대표적인 기업 마이크로소프트도 오랫동안 유지해오던 강제 상대평가 시스템을 없애기로 했다. 탁월한 성과를 내는 소수에 대한 보상제도보다는 팀워크를 바탕으로 꾸준히 성과를 내는 다수의 직원들에 대한 보상을 더 중요시하겠다는 뜻이다.

이제 많은 기업들은 상사의 평가 외에도 동료들과 팀원들의 다면 평가를 채택하고 있다. 동료들의 피드백이나 평가의 가치는 크다. 객관적으로 동료들에게 능력을 인정받거나 존경받는 사람들은 많지 않다. 어느 정도 라이벌 의식이 존재하기 때문이다. 따라서 동료들조차도 인정하는 능력을 지닌 사람이라면 더 큰 역량을 발휘할 기회를 부여해야 한다.

평가를 어렵게 만드는 확증 편견

상사의 고충 중 하나는 직원들을 평가하는 잣대의 일관성 문제이다. 인간은 누구나 확증 편견confirmation bias을 가지고 있기 때문이다.

상사가 과제에 대한 기대치를 달성하지 못한 이유를 '추궁'하는 대신 함께 고민하고 대안을 모색하려는 태도를 보인다면, 건설적인 결과를 도출할 수 있다. 반면 일방적으로 직원이 일을 못한다고 판단해버린다면, 이후로도 직원이 잘못한 일이나 부족한 부분만 눈에 들어오게 된다. 우리 뇌에 프로그램된 확증 편견이 시동을 걸기 시작하는 것이다. 이런 경우 직원은 기가 눌려 무능하고 위축된 사람처럼 행동하게 된다. 상사와 대화할 용기도 없어진다. 상사도 그런 직원과 대화하려는 시도를 하지 않는다. 결국 깊어진 골은 불협화음으로 이어지고 신뢰를 통한 협업은 불가능해진다.

상대적으로 좋은 성과를 내는 직원들에게는 좀더 도전적이고 의미 있는 과제를 주면 되지만, 상대적으로 능력이 떨어지는 직원들은 어떻게 해야 할까?

첫째, 본인의 흥미와 주어진 일이나 과제가 제대로 맞는가에 대한

업무 최적화job fitting를 진단해야 한다. 직원이 하고자 하는 일, 잘할
수 있는 일의 균형을 맞추어주는 것이 리더의 역할이다.

둘째, 그래도 일에 대한 의욕이 없거나 에너지가 부족한 직원은
근접 코칭을 실시한다. 직원의 문제점이 무엇인지를 본인이 찾아가도
록 시간을 갖고 도와주는 것이다.

경영의 본질은
결국 사람농사다

모든 기업의 가장 중요한 활동 중 하나가 매년 사업계획을 세우는 것
이다. 구체적인 성과에 대한 목표치가 포함돼 있기에, 최고경영자로부
터 신입사원까지 조직 전체가 사업계획을 의식하며 일하게 된다. 보너
스와 승진 여부가 목표 달성 여부와 연계된 조직에서는 특히 그렇다.
사업계획의 핵심은 재무적 성과와 목표이기 때문에, 손익계산서와 재
무제표 그리고 현금흐름표가 중요하고 보편적인 잣대로 이용된다.

그런데 기업의 건강상태를 나타내는 재무제표나 손익계산서의 어
느 항목에도 '사람', 즉 임직원들에 대한 가치는 반영되지 않는다. 물론
사람은 기계나 설비처럼 그 가치를 매기기 어렵다. 또한 매출이나 이익
은 임직원들의 노력에 의해 이루어지기 때문에 사람의 가치를 어느 정
도 간접적으로 인정한다고 할 수도 있다. 하지만 경영의 관점에서 볼
때, 조직에서 가장 중요한 자산인 사람에 대한 가치가 반영되지 않은

경영진단서는 불완전한 것이다. 저명한 미래학자이자 『드림 소사이어티Dream Society』의 저자인 롤프 옌센Rolf Jensen은 이렇게 말했다.[16]

"드림 소사이어티의 관점에서 보면 기업의 자산에서 물적 자산이 차지하는 비중은 10퍼센트, 인적 자산이 차지하는 비중이 90퍼센트다. (중략)기업과 회계사들은 살아 있는 자산이 아니라 죽은 자산만 따져왔다. 기업의 성공을 좌우하는 것은 다름 아닌 조직원들이 만들어내는 아이디어나 기업문화이기 때문이다."

전적으로 동의한다. 인적 자산이 만들어내는 가치란 숫자로 따질 수 없는 무한대의 가치이다. 예를 들어 같은 규모의 두 회사가 있다고 해보자. 업종도 같고 생산제품도 같으며 매출과 이익, 그리고 직원 수조차도 동일하다고 하자. 한 가지 다른 것이 있다면 두 회사의 분위기와 기업문화다. 한 회사의 직원들은 전체적으로 열정적이고 자기가 하는 일에 대한 자부심이 높은 데 비해, 다른 회사의 직원들은 마지못해 일할 뿐이다. 두 회사의 현재 가치는 동일하다. 하지만 미래 가치는 아주 큰 차이를 보일 것이다. 이렇듯 사람이라는 자산을 배제하면, 전혀 다른 미래 가치를 지닌 두 기업이 엇비슷해 보이는 착시현상이 일어난다.

2014년 1월 KBS는 신년 기획으로 〈글로벌 리더의 선택〉이라는 다큐를 방영했다. 총 3부로 구성된 방송에서 가장 화제를 모은 인물은 엘스비어Elsevier의 지영석 회장이다. 엘스비어는 1580년에 설립된 세계 1위 출판사로, 직원 1만 2000명이 매출액 3조 5000억 원을 달성하고 있다. 이런 엄청난 기업의 CEO가 한국인이었다니, 금시초문이라 관심을 갖고 지켜봤다. 그리고 관심은 감탄으로 바뀌었다.

프린스턴 대학에 다니던 때 지회장은 우연히 『포브스』 재산평가 50위 안에 드는 사업가 브론슨 잉그람^{Bronson Ingram}과 저녁식사를 하게 됐다. 브론슨이 그의 단짝친구 존 잉그람의 아버지였던 것이다. 졸업 후 어떤 일을 해야 할지, 어떻게 하면 부자가 될 수 있는지 고민하는 청년 지영석에게 브론슨은 이렇게 조언했다고 한다.

"직업을 고를 때는 그 직업의 종류, 직책, 위치, 회사의 명성, 보수가 다 중요하다. 하지만 그보다 더 중요한 한 가지는 회사에서 당신의 멘토가 돼줄 수 있는 사람이 있느냐, 당신의 후원자가 돼줄 사람이 있느냐의 부분이다. 그리고 그 사람이 능력이 있느냐의 문제다. 그것만 보고 가라."

졸업 후 지영석은 아메리카 익스프레스 CEO의 비서로 사회생활을 시작했는데, 성실함과 탁월한 능력에 대한 평판이 업계에 퍼지면서 고액의 스카우트 제의를 받는다. 하지만 과거 브론슨의 조언을 가슴 깊이 새기고 있던 그는 '돈' 대신 '사람'을 택한다. 브론슨의 제안으로 그의 회사로 이직하며 출판업계에 발을 디딘 것이다. 그가 새로운 직장에서 받은 연봉은 전 직장의 17퍼센트에 불과했다. 하지만 지회장은 사람이 가장 중요하다는 소신대로 열심히 배우며 일한 결과, 랜덤하우스 최고운영책임자^{COO} 및 사장직을 거쳐 현재 세계 출판계를 움직이는 거물로 성장할 수 있었다.

최고의 자리에 오른 지금도 그는 사람의 중요성을 인지하고 있다.

살인적인 스케줄에도 불구하고 그가 자주 참석하는 모임은 직접 운영하는 멘토링 모임이다. 이 모임을 통해 그의 멘토링을 받는 젊은이들은 350여 명이 넘는다고 한다. 멘토링 모임을 지속하는 이유와 관련, 지회장은 이렇게 설명한다.

"제가 아직도 가고 싶은 방향이 있습니다. 제가 지금까지 배워온 것을, 제게 다른 분들이 해주신 것처럼 앞으로 계속 사람농사를 짓고 싶다는 것입니다."

사람농사를 짓는 농부, 지영석. 그는 경영자가 무슨 일을 해야 하는지 잘 알고 있는 리더다. 사람은 무엇으로도 대체할 수 없는 기업의 가장 중요한 자산이다. 다시 말해 경영의 본질은 결국 사람농사라고 할 수 있다. 사람에게 투자하고 사람을 키우는 일은, 리더가 해야 할 일의 기본이자 목표이자 종착지다.

생각해보자. 획기적인 제품이나 서비스를 개발하는 일은 단기적인 성과를 보장하지만 장기적인 성공은 어렵다. 유행은 변하게 마련이기 때문이다. 하지만 획기적인 제품이나 서비스를 개발할 수 있는 인재를 육성하는 일은 단기적으로는 결실을 맺기 힘들지만 장기적으로 성공을 가져오는 일이다. 그런 인재들이 많으면 많을수록 시장을 장악할 제품과 서비스를 계속 선보일 수 있기 때문이다. 사람을 키우는 일이 곧 기업을 키우는 일인 것이다.

바른 길이
곧 빠른 길이다

2003년 커민스차이나 사장으로 북경에서 일하고 있을 때의 일이다. 3년 동안 진행된 중국 국영기업과의 합작회사 설립에 대한 지루하고 복잡한 협상을 마무리한 시기였다. 중국어를 제대로 하지도 못하면서 고도의 협상을 해야 했던 어려움 끝에, 당시 세계 최대 규모의 디젤엔진 생산 합작회사를 만들 수 있었다. 하지만 여전히 난관은 남아 있었다. 합작회사를 만들고 보니 향후 그 회사를 제대로 운영할 인물, 즉 초대 CEO를 임명해야 했다.

고심 끝에 합작기업의 한 자회사에서 공산당 당서기로 일하던 왕밍칭이라는 사람을 선임하기로 했다. 중국 국영기업에서 공산당 서기의 역할은 우리나라의 노조대표와 흡사하다. 하지만 사회주의국가답게 국가와 조직에 대한 애정과 자부심이 매우 높은 인물이어야 오를 수 있는 자리이기도 하다.

문제는 그가 전문경영인 출신이 아니라는 사실이었다. 설상가상으로 영어를 "굿모닝"과 "땡큐" 외에는 한마디도 하지 못했다. 나의 중국어 실력은 그의 영어 실력보다 조금 나은 수준이었으니 서로 통역을 두지 않고는 소통할 수가 없었다. 합작회사를 운영하기 위해서는 유기적인 소통이 중요한데 사장이 영어를 못한다는 것은 치명적인 결격사유였다. 당연히 커민스 본사 회장은 이 인사에 우려를 표하고 승인을 보류했다. 하지만 몇 주에 걸친 설득을 통해 결국 회장도 동의를 표했다. 나는 무슨 이유로 이런 인사를 감행했을까?

그 당시 중국 국영기업의 운영은 방만과 부패의 온상이라고 할 만큼 모럴해저드^{moral hazard}에 빠져 있었다. 공급업체와의 결탁과 판매망과의 이권 공유를 통한 비윤리적인 거래가 공공연하게 이루어지고 있었다. 대부분이 국영기업에서 옮겨온 합작회사 직원들의 문화를 바꾸려면 CEO부터 윤리적이고 공평한 인물이어야 했다. 그리고 합작회사에서 가장 양심적이고 정직한 인물로 알려진 사람이 바로 왕밍칭이었다. 그의 정직함과 공평함이 다른 부족한 면보다 더 중요하다고 생각했던 것이다. 왕사장은 임기 동안 그런 기대를 저버리지 않고 건강한 문화의 기업을 만드는 데 큰 역할을 했다.

정직함과 공평함, 축약해 '윤리'라는 단어로 설명할 수 있는 이러한 가치들이 고루하게 느껴질 수 있다. 살벌한 경쟁의 현장에서 싸우는 기업들엔 공염불 같은 이야기일지 모른다. 하지만 셀퍼 조직은 안다. '바른' 길이 곧 '빠른' 길이라는 사실을 말이다.

신뢰받는 기업의 조건,
EQ

'모로 가도 서울만 가면 된다'는 속담은 우리나라 특유의 강점인 순발력과 융통성을 잘 드러낸 말이다. 하지만 간혹 이것이 목적과 목표를 이루기 위해서는 수단과 방법은 중요시하지 않는 태도와 행동으로 변질되곤 한다.

원전부품 공급의 비리사건은 우리 사회의 윤리의식이 국가와 국민의 안전을 담보로 할 만큼 심각한 수준으로 추락해 있음을 단적으로 말해준다. 최근 대한민국의 대표적인 기업에서 납품 비리에 근 100여 명의 임직원이 연루된 심각한 부정이 발견된 사건도 있다. 언론은 이 기업을 '비리 백화점'이라고까지 표현했다. 하지만 이 회사는 이미 몇 년 전부터 윤리헌장을 만들었고 윤리실천서약서도 임직원들에게 받았다고 한다. 부정 비리 제보자를 포상하는 제도도 있다.

많은 기업에서는 임직원의 윤리의식을 진단해 문제점을 개선해나가고, 윤리규정에 대한 정기적인 교육을 실시하고, 윤리 경영 실천의지를 담은 서약서 등을 작성하게 한다. 문제는 이런 방법들이 그다지 큰 효과를 발휘하지 못한다는 것이다. 윤리는 행동이고, 행동은 습관이 되지 않으면 항상 잘못될 소지가 있기 때문이다.

대한민국의 글로벌 위상과 기업들의 화려한 모습 뒤에 이런 비윤리적인 의식이 자리하고 있음은 우려할 만하다. 요즘 하루 평균 457건 정도의 압수수색이 이루어지고 있다고 한다. 대부분이 기업 대상인데 그만큼 조사할 일이 많다는 것이다. 급속한 성장과 발전 속에 IQ$^{Intelligence\ Quotients}$와 EQ$^{Emotional\ Quotients}$는 강조되지만 또다른 EQ$^{Ethics\ Quotients}$는 실종돼 있는 듯하다. 국가의 부패 정도를 측정하는 부패인식지수가 2012년 대한민국은 OECD 가입 34개국 중 하위권이다. 아직도 많은 사람들이 '서울을 가려면 여행 준비를 잘해 제대로 된 길을 골라 안전하게 가라'가 아닌 '모로 가도 가기만 하면 된다'라는 선택을 하고 있다는 뜻이다. 채용 면접시에 윤리의식이 강한 사람을 뽑는 기업은 매우 드물다.

누차 강조하지만 셀퍼 조직은 바른 길이 곧 빠른 길이라고 믿는다. 시간은 오래 걸릴지언정 정도正道를 걷는 기업은 샛길로 새거나 길을 잃고 방황하는 일 없이, 우직하게 한길을 계속 갈 수 있다는 믿음이다. 이것이 셀프 시스템의 마지막으로 '윤리'를 이야기하는 이유다.

사소하고 작은 실수라도, 실수는 실수다

몇 년 전 호주 태생의 골프선수 그레그 노먼$^{Greg\ Norman}$은 미국 출신 골프선수인 마크 오메라$^{Mark\ O'Meara}$가 정직하지 않은 플레이를 했다고 공개적으로 비난했다. 오메라는 미국 PGA에서만 16승을 한 관록의 선수였다. 그런데 오메라와 같이 경기를 펼친 노먼은 오메라가 그린 위에서 조금씩 홀에 가깝게 공을 마킹했다며 그의 스포츠맨십을 비난했다. 골프의 룰에 따르면 그린 위에 놓인 공을 집기 전에 동전과 같은 볼마커를 공 뒤에 놓는 마킹을 해야 한다. 그런데 오메라가 공 밑에 슬쩍 밀어놓고 공을 집었다는 주장이었다. 원래 공의 위치를 홀에 가까운 쪽으로 움직였으니 골프 룰을 위반한 행동이라고 비난한 것이다. 오메라는 그런 일이 없다고 주장했지만 두 사람은 그 사건 이후 동반 플레이를 하지 않았다.

실제로 오메라가 그런 행위를 했는지는 본인만이 알 일이다. 더욱이 볼마커를 이용해 볼을 홀에 가깝게 움직일 수 있는 거리는 불과 1센티미터 정도이다. 이 정도 거리가 좁혀져서 경기의 결과가 달라지는 경우는 아마도 없을 것이다. 하지만 그레그 노먼은 골프의 정신, 룰은 엄격히 지켜야 한다는 진정한 스포츠맨십을 우리 모두에게 상기시켜준 것이다.

투르 드 프랑스Le Tour de France사이클 대회에서 일곱 차례나 우승한 사이클계의 전설 랜스 암스트롱Lance Armstrong은 2013년 초 금지된 경기력 향상용 약물을 복용해왔음을 시인했다. 그동안 약물 복용에 대한 의구심이 제기됐지만 그는 약물 복용을 한 일이 없다고 일관되게 부인했다. 그렇게 많은 우승을 할 수 있었던 비결은 오로지 엉덩이가 아프도록 연습하고 노력한 결과라고 주장했다. 더구나 그는 한 번도 약물 검사를 통과하지 못한 적이 없었다. 암조차 이겨내며 일곱 번의 우승을 거둔 그의 초인적인 강인함과 그가 쌓아온 부와 명성은 살아 있는 전설이 되기에 충분했다.

하지만 같은 팀 동료들이 암스트롱이 금지된 약물을 장기간 사용했음을 공개적으로 증언하면서, 더이상 추궁을 견디지 못하고 마침내 진실을 실토하고 말았다. 투르 드 프랑스 우승 기록은 박탈됐고, 도핑 사실을 모르고 그와 미국 사이클팀에 수년 동안 거액을 지원한 후원사로부터 수천만 달러의 손해배상 소송을 당했다. 암스트롱은 가장 유명한 스타에서 가장 부정직한 인물로 추락했다.

오메라의 경우는 작은 실수나 오해이고, 암스트롱의 경우는 명백한 반칙이자 부정으로 비칠 것이다. 하지만 작은 실수든 큰 실수든 실수는 실수다. 그 정도가 심각하지 않다고 해서 실수가 실수가 아닌 것이 되지는 않는다. 글로벌기업이 되고자 한다면 윤리 경영에 있어서 결벽에 가까운 완벽주의가 필요한 이유다.

직장에서 '융통성 없는 사람'이라고 놀림 대상이 되는 사람들은 많은 경우 우직하게 정도를 가는 사람들이다. 옳은 일을 하고자 하면 우직할 수밖에 없다. 그런데도 우직함이라는 단어에는 머리 회전이 느리거나 스마트하지 못하다는 느낌이 내재돼 있다.

조직에서 윤리적인 행동을 하는 것이 불편함이 될 수도 있다. 원자력발전소에 제대로 규격시험을 거치지 않은 케이블을 공급한 업체에서 일하는 직원 중에는 이런 행동이 옳지 않다고 생각한 사람들도 있었을 것이다. 하지만 그들이 소속된 조직이나 회사의 잘못된 점을 외부에 신고하는 소위 내부자고발을 시도하기 위해서는 대단한 용기가 필요하다. 어차피 본인이 주도한 상황도 아니니 그냥 모르는 척 지나가는 윤리의식의 물타기가 이루어지는 것이다.

글로벌기업에서도 윤리 문제는 지속적으로 발생한다. 최근 스위스의 대표적인 글로벌기업 노바티스Novartis는 일본에서 판매하는 베스트셀러 혈압약 디오반에 대한 효능을 과장 선전해 소비자들을 오도했다는 혐의로 조사를 받고 있다. 이 기업의 일본 임직원이 형사처벌될 가능성도 예측되고 있다. 또 영국의 글로벌 제트엔진 생산업체 롤스로이스Rolls-Royce는 인도네시아 사업을 위해 뇌물을 공여한 혐의로 조사받고 있다.

심지어 규율이 중요시되는 미국의 핵미사일 발사를 담당하는 공군장교 34명이 매년 통과해야 하는 직무 숙련도 시험을 치르면서 부정행위를 저질렀거나 묵인한 혐의를 받고 있다. 2013년 말 장거리 전략 핵무기 발사시설 책임자 중 한 명인 캐리 소장이 러시아 방문시 과도한 음주와 기타 부적절한 행동으로 직위 해제된 사건도 있었다. 참으로 우리 모두를 땀나게 하는 일들이다. 비윤리적 행동은 특정 국가나 업에 관계없이 우리를 항상 공격하고 싶어하는 바이러스 같은 대상이다. 따라서 우리 모두는 효과적인 백신을 갖고 살아야 한다.

윤리적 행동을 습관화하는 자기점검의 질문

에티스피어 인스티튜트Ethisphere Institute라는 국제기관은 매년 세계에서 가장 윤리적인 기업을 선정해 발표한다. 아직 대한민국 기업은 이 명단에 없다. 커민스와 타타그룹의 핵심기업인 타타스틸이 이 명단에 포함돼 있다. 커민스의 기업문화 중 EQ는 매우 중요한 비즈니스 그 자체다. 부정한 방법으로 비즈니스를 한다는 것은 아예 생각할 수 없는 분위기의 회사다. 커민스는 다음과 같은 자기점검을 통해 임직원들의 윤리적 행동을 습관화한다.

- 나의 사랑하는 가족들이 나의 행동에 대해 알게 되기를 원하는가?
- 나에 대한 기사를 내일 아침 신문에서 읽게 되기를 원하는가?
- 나의 행동이 스스로 불편하게 느껴지는가?

이 질문들은 매일 어떤 판단과 행동을 할 때 큰 도움이 된다. 바로 윤리에 대한 바이러스 침입에 효과적인 백신이다.

바른 길이란,
어떤 약속이든 소중히 여기는 자세

탁월한 리더십으로 BMW의 한국 비즈니스를 성공적으로 이끄는 김효준 사장은 그 회사의 윤리의식을 다음과 같이 소개한 적이 있다. 본사의 고위중역이 '아내의 차에 기름을 넣고 회사에서 제공하는 차에 기름을 넣었다고 회사에 영수증을 제출하지 않는가'를 회사 차량을 제공받는 임직원들의 윤리의식을 판단하는 한 잣대로 삼는다는 것이다. 기업을 이끄는 최고경영자들의 높은 윤리의식과 행동은 전 직원들에게 강력한 메시지가 된다.

글로벌기업들은 보통 직원 시절부터 매년 성과와 더불어 윤리적 행동에 대한 동료와 상사 그리고 부하직원들의 다면평가를 받는다. 따라서 오너가 아닌 전문경영인으로 승진하려면 윤리의식이 투철하지 않으면 안 된다. 직원 시절부터 윤리적 습관에 대한 훈련을 거치지 않고 임원이나 최고경영자가 되면 윤리는 더욱 행하기에 힘들다. 최고경영자들에게는 매우 큰 권력이 주어지기 때문이다.

직원들이 이미 채용시부터 윤리적인 행동에 대한 습관이 몸에 배지 않았다면 윤리서약서에 서명했다고 항상 윤리적인 행동을 기대할 수 없다. 예를 들면 운전하면서 제대로 교통신호를 지키지 않는 직원이 회사의 윤리규정을 잘 지킬 거라고 기대할 수는 없다. 골프를 치면서 동반자들의 허락 없이 볼을 움직이는 사람이 회사 일을 규정에 따라 처리할 수 있다고 장담하기 어렵다.

셀퍼들은 윤리적 행동에 앞서서 남이나 자신과의 약속을 소중하게 여긴다. 앞서 밝혔듯 타타그룹의 전임 회장인 라탄 타타는 2002년 영국의 유력지 파이낸셜타임스와 자동차에 대한 인터뷰를 진행했다. 인터뷰중 깊은 생각 없이 기자의 집요한 질문에 본인이 구상하던 인도 국민차의 시판 가격은 10만 루피 정도가 되어야 하지 않겠는가 하는 견해를 밝혔다. 그 다음날 신문에 타타그룹사인 타타자동차가 인도 국민차를 개발하기로 했으며 가격은 상상을 초월하는 싼 값, 10만 루피가 될 것이라는 기사가 보도됐다.

라탄 타타 회장은 기사를 보고 처음에는 정정 보도를 발표할까 고민하다가 차라리 10만 루피 정도의 혁신적인 소형차를 만들어보기로 마음을 정했다. 그 소형차의 이름이 바로 나노이다. 나노는 2008년 인도 동부의 서뱅갈지역에 있는 싱구르라는 도시에 생산공장을 완성했는데, 일부 주민들과 지역 정치인들의 반대 시위로 결국 2000킬로미터가 넘는 인도 서부에 위치한 사난드라는 도시로 이전했다. 새로 지은 공장을 해체해 약 3000대의 트럭에 실은 뒤 다시 생산공장을 완성하겠다는 결심은 결코 쉽지 않지만 라탄 타타 회장은 결정을 내렸다. 2009년 새로운 공장에서의 나노 생산을 축하하면서 라탄 타타 회장은 이렇게 밝혔다.

"터무니없이 싼 가격을 책정하는 일은 쉽지 않았습니다. 다 지은 공장을 분해해 새로운 공장을 짓는 일도 역시 쉽지 않았습니다. 하지만 약속은 약속입니다. 우리는 인도 국민 누구나 살 수 있는 저렴한 자동차를 만들겠다고 약속했습니다. 그렇다면 어떻게든 지켜야 했지요. 그 약속을 지키기 위해 달려온 모든 임직원분들께 진심으로 감사를 표합니다."

앞서 말했듯 나노는 제품으로선 현재까지는 실패작이 되었지만, 타타그룹이 여전히 인도 국민의 지지와 성원을 받는 기업으로 자리하는 비결은 이처럼 사회적 약속을 소중하게 생각하는 태도라고 할 수 있다.

약속을 지키는 것이 곧 바른 길이라고 믿었던 리더는 또 있다. 호주의 전 총리인 존 하워드John W. Howard가 그 주인공. 1996년 총리선거 당시 하워드는 "제가 총리가 된다면 모든 국민의 차를 벤츠로 바꿔드리겠습니다"라는 공약을 내걸었다고 한다. 이 공약 덕분인지는 알 수 없으나 어쨌든 그는 정말 총리로 당선됐다. 하워드는 어떻게 했을까?

모든 국민의 차를 벤츠로 바꿔주는 것은 현실적으로 불가능했다. 그렇다고 전 국민을 상대로 공표한 약속을 실행하지 않을 수는 없었다. 그는 약속은 지키라고 있는 것이라는 철칙을 지닌 사람이었다. 하워드가 고민 끝에 찾은 답은 정말이지 유쾌하고 재치 있는 해결책이었다. 수상으로 임명되자마자 그는 벤츠에 전화를 걸었다.

"당장 호주의 모든 버스를 벤츠로 바꿔주시오."

그렇게 해서 벤츠의 로고가 붙은 버스들이 호주의 도로를 누비게 된 것이다. 국민들은 어떻게든 반드시 약속을 지키려는 총리의 노력과 기발한 발상에 감탄하고 감동했다.

바야흐로 '빠른 기업'이 아니라 '바른 기업'이 사랑받는 시대다. 시시때때 변하는 고객의 니즈를 충족하기에 기업의 속도는 부족하다. 하지만 우직한 신념과 의미 있는 철학으로 바른 길을 가는 기업은, 천천히 하지만 분명히 고객의 마음속을 파고들 수 있다. 이것이 셀퍼 조직이 느리더라도 바른 길을 가고자 하는 이유다.

한겨울 **맨몸**으로
추위와 싸워내는
나무의 힘이 필요하다

찬바람이 매섭게 부는 한겨울, 허허벌판에 나무 한 그루가 외롭게 서 있다. 바람을 막아줄 울타리는 보이지 않는다. 꽃도 잎도 없이 오로지 땅에 내린 뿌리 하나에 의지해 바람과 싸워야 한다. 고독하고 힘겨운 싸움이다. 바람이 거세게 불 때는 뿌리가 뽑힐 듯 흔들리기도 한다. 가지가 부러질 때도 있다. 차라리 바람에 굴복하고 부러지는 편이 편할지도 모른다는 생각마저 든다.

그 모습이 잘 그려지지 않는다면, 추사 김정희 선생의 〈세한도歲寒圖〉를 떠올려봐도 좋겠다. 대한민국 국보 180호로 지정된 이 그림은 한겨울 추위 속에서도 꼿꼿이 서 있는 나무들의 모습이 담겨 있다. 외로움과 함께 비장함이 느껴지는 그림이다.

이 겨울나무가 마치 오늘날 우리들의 모습과 다르지 않다는 생각이 드는 사람은 나쁠일까? 전문가들은 우리가 '영원한 불황의 시대'를 살게 될 것이라고 경고한다. 모든 것이 성장하지 못하고 정체되는 세상에서, 이전까지 우리를 보호해주던 울타리는 더이상 제 기능을 하지 못한다. 혼자서 싸우고 스스로 견뎌낼 수밖에 없다.

하지만 그 살벌한 세상에서도 희망은 존재한다.

"잎이 지고도 늠름한 둥치와 굳건한 가지를 가진 나무처럼 기업이나 개인도 외부에 기대지 말고 자기 고유의 힘을 길러야 한다."

한국 경영학계의 거목으로 꼽히는 윤석철 서울대학교 명예교수가 퇴임강연에서 한 이야기다. 그렇다. 겨울나무는 벌거벗은 상태에서도 굳건히 추위를 이겨내고 살아남아, 봄이 오면 꽃을 피우고 여름이 오면 열매를 맺는다. 벌거벗은 상태에서도 견디는 힘, 벌거벗을수록 강해지는 힘, 나무에게는 나력裸力이 있다. 셀프 파워의 다른 이름은 바로 이 나력이다. 왜 나력이 셀프 파워와 같은 개념인가.

첫째, 누구도 나무에게 추위를 버텨내라 하지 않았다.

나무 스스로 살아남아 꽃을 피우고 열매를 맺을 의지에 추위와 싸우는 것이다. 셀프 모티베이션이다.

둘째, 나무의 생존법은 따로 있다.

갈대는 흔들리는 바람에 몸을 맡기는 방식으로 부러지지 않고 생존한다. 나무의 생존법은 갈대와 다르다. 나무는 바람과 정면으로 맞서는 자신만의 답으로 살길을 찾는다. 셀프 파워다.

셋째, 나무는 결국 숲이 된다.

나무가 자신을 드러내는 순간, 즉 나력이 진가를 발휘하는 순간은 혹독한 겨울이 지난 이후다. 봄바람이 불고 겨울 동안 고이 간직한 새싹이 움트기 시작할 때, 나무는 자신의 존재를 만천하에 알린다. 그리고 그렇게 버텨낸 다른 나무들과 함께 그들이 같이 그린 꿈, 즉 '숲'을 이룬다. 셀프 시스템이다.

어쩌면 지금 우리는 한겨울을 살고 있는 것인지도 모른다. 영원한 불황의 시대라면 더욱 그렇다. 이럴 때일수록 견디는 힘, 나력이 필요하다. 세상은 결국 누가 더 오래 견디느냐의 싸움이다. 이 위기를 굳건히 버텨내고 이겨낸 사람만이 마침내 찾아온 봄을 만끽할 수 있다. 그래서 셀프 파워는 견디는 힘이며, 견딤으로써 성장하는 힘이다.

혹독한 겨울 뒤의 따뜻한 봄날을 누릴 수많은 미래의 셀퍼들에게, 건투를 빈다.

미
주

Part 1. 무엇이 그들을 미쳐서 일하게 만들었나 : 셀프 모티베이션

1. '난 꿈꾸지 않았다. 단지 하루하루를 불태웠을 뿐', 조선일보, 2008. 1. 3.
2. 강수진, 『나는 내일을 기다리지 않는다』, 인플루엔셜, 2013.
3. 찰스 두히그, 『습관의 힘』, 강주헌 옮김, 갤리온, 2012.
4. '악마는 화려한 자존심을 입는다', 한겨레, 2013. 3. 1.
5. 마이크 멀레인, 『우주비행, 골드핀을 향한 도전』, 김은영 옮김, 풀빛, 2008.
6. 다니엘 핑크, 『드라이브』, 김주환 옮김, 청림출판, 2011.
7. '우덕창 쌍용그룹 부회장 「자존심 경영론」, 매일경제, 1994. 9. 1.
8. Katharine Brooks, Ed.D. 외, 「Job, Career, Calling : Key to Happiness and Meaning at Work?」, 『Psychology Today』, 2012. 6.
9. 김훈, 『밥벌이의 지겨움』, 생각의나무, 2007.
10. 이학준, 『스타, 그들이 사는 법』, 청년정신, 2011.
11. 정진홍, 『완벽에의 충동』, 21세기북스, 2006.
12. 요시코시 고이치로, 『모든 일에 마감시간을 정하라』, 정정일 옮김, 원앤원북스, 2008.
13. 이케다 지에, 『새벽형 인간』, 정문주 옮김, 북허브, 2010.
14. 마이클 폴리, 『행복할 권리』, 김병화 옮김, 어크로스, 2011.
15. '엉뚱한 아이디어에서 혁신 낳는 기업의 비밀', 『신동아』, 2013. 8.
16. 스티븐 존슨, 『탁월한 아이디어는 어디서 오는가』, 서영조 옮김, 한국경제신문사, 2012.
17. 오오하시 에쓰오, 『계속모드』, 이광철 옮김, 다산라이프, 2008.
18. 김수연, 『브라더 케빈』, 문학동네, 2013.
19. 김남인, 『태도의 차이』, 어크로스, 2013.
20. 빅터 프랭클, 『삶의 의미를 찾아서』, 이시형 옮김, 청아출판사, 2005.
21. 리처드 브랜슨, 『내가 상상하면 현실이 된다』, 이장우 외 옮김, 리더스북, 2007.
22. 리처드 브랜슨, 『발칙한 일 창조전략』, 김명철 옮김, 황금부엉이, 2010.
23. 리처드 브랜슨, 『리처드 브랜슨 비즈니스 발가벗기기』, 박슬라 옮김, 리더스북, 2010.
24. 숀 아처, 『행복의 특권』, 박세연 옮김, 청림출판, 2012.
25. 차동엽, 『무지개 원리』, 위즈앤비즈, 2007.

---

26. 고든 램지, 『고든 램지의 불놀이』, 노진선 옮김, 해냄, 2009.

27. Ellen J. Langer, 『Counterclockwise』, BallantineBooks, 2009.

28. '회사에 농구장·게임방······ 판교선 놀듯이 R&D한다', 조선비즈, 2013. 9. 11.

29. 'Ways to Be Happy and Productive at Work', Wall Street Journal, 2012. 11. 27.

30. 매트 웨인스타인·루크 바버, 『개처럼 일하라』, 이순주 옮김, 마젤란, 2005.

31. '행복한 사람은 일터가 놀이터다', 하나금융그룹사보 『하나가득』, 2007.

32. 헤르만 지몬, 『히든 챔피언』, 이미옥 옮김, 유필화 감수, 흐름출판, 2008.

33. 레이 크록, 『성공은 쓰레기통 속에 있다』, 장세현 옮김, 황소북스, 2011.

34. 필립 델브스 브러턴, 『장사의 시대』, 문희경 옮김, 어크로스, 2013.

Part 2. '남의 답'으로 '내 문제'를 풀지 않는다 : 셀프 파워

1. 카마다 마사루, 『메이난제작소 이야기』, 김욱 옮김, 페이퍼로드, 2013.

2. 기업명의 경우, 외래어 표기법 대신 해당 기업에서 사용하는 표기를 따랐다.

3. 울리히 피회버, 『Mr. 포르셰』, 이희경 옮김, 이콘, 2006.

4. 다니엘 핑크, 같은 책.

5. '신장환 LG경제硏 연구위원 "실패를 디딤돌로"', 전자신문, 2013. 9. 24.

6. '[장세진 교수의 '전략&인사이트] 한국 먹여 살렸던 '스피드 경영'······ 이제는 더이상 안
통해', 조선일보 위클리비즈, 2013. 6. 29.

7. '가난해 대학도 못 간 8인이 세계적 부호가 된 비법은?', 서울신문, 2013. 5. 14.

8. '새해 계획 따윈 세우지 마세요. 시간 낭비니까요', 조선일보 위클리비즈, 2008. 1. 18.

9. 켄 블랜차드·스펜서 존슨, 『1분 매니저』, 안상기 옮김, 청림출판, 1994.

10. 조우석, 『남자는 서재에서 딴짓한다』, 중앙m&b, 2012.

11. 이지훈, 『혼창통』, 쌤앤파커스, 2010.

12. 박서원, 『생각하는 미친놈』, 센추리원, 2011.

13. 휴먼스토리, 『365일 스티브 잡스 명언록』, 미르북스, 2012.

14. 예카테리나 월터, 『저커버그처럼 생각하라』, 황숙혜 옮김, 임정욱 감수, 청림출판, 2013.

15. 제임스 다이슨, 『계속해서 실패하라』, 박수찬 옮김, 미래사, 2012.

16. 이명우, 『적의 칼로 싸워라』, 문학동네, 2013.

17. '언어로 표현되지 않는 지식도 있다, 암묵지', 네이버캐스트, 2012. 5. 7.

18. 노나카 이쿠지로·가쓰미 아키라, 『생각을 뛰게 하라』, 양영철 옮김, 흐름출판, 2012.

19. 이명우, 같은 책.

20. '美캠벨 살린 전설적 CEO 더글러스 코넌트', 매일경제, 2012. 11. 23.

21. 린다 스트로, 『신뢰의 법칙』, 박선영 옮김, 비즈니스맵, 2009.

22. '美캠벨 살린 전설적 CEO 더글러스 코넌트', 매일경제.

23. 하세가와 에이스케, 『일하지 않는 개미』, 김하락 옮김, 서울문화사, 2011.

24. 'The new science of building great teams', 『Harvard Business Review』, 2012. 4.

25. 카마다 마사루, 같은 책.

26. Ken Blanchard · Mark Miller, 『The Secret』, Berrett-Koehler Publishers, 2004.

27. 찰스 두히그, 같은 책.

28. '현대카드는 예뻤다, 그리고 영리했다', 『월간디자인』, 2012. 1.

29. 김난도 외, 『트렌드 코리아 2011』, 미래의창, 2010.

30. '신발을 정리하자 사훈으로 피자시장 1등에', 조선일보, 2012. 4. 25.

31. Drew Boyd · Jacob Goldenberg, 『Inside the Box』, Simon&Schuster, 2013.

32. 앤드루 소벨·제럴드 파나스, 『질문이 답을 바꾼다』, 안진환 옮김, 어크로스, 2012.

33. '창의적 문제해결기법 'TRIZ의 산실' …… 러시아 젠스리연구소 리트빈 박사', 조선일보 위클리비즈, 2010. 4. 10.

34. 카이한 크리펜도프, 『36계학』, 김태훈 옮김, 생각정원, 2013.

35. '불황인데 사이좋게 …… 프랜차이즈 업계에 부는 콜라보 열풍', 한국경제, 2014. 1. 7.

36. '창업? 이렇게 해야 성공한다', 『마이더스』, 2014. 1.

37. 류랑도, 『우리가 꿈꾸는 회사』, 쌤앤파커스, 2012.

38. 이형우, '옳은 일을 제대로 하자', aSSIST Forum, 2013.

39. 야마모토 신지, 『일근육』, 전경아 옮김, 웅진윙스, 2006.

40. '"한 대 맞으면, 두 대 때린다" 투혼의 좀비, 세계를 사로잡다', 조선일보 WHY, 2013.

11. 2.

41. 토드 벅홀츠, 『러쉬!』, 장석훈 옮김, 청림출판, 2012.

Part 3. 각자 움직이되, 같이 성장한다 : 셀프 시스템

1. 필립 코틀러 외, 『기업전략과 마케팅』, 바른 옮김, 한국전략경영학회 감수, 비즈니스맵, 2009.

2. John Mackey, 『Conscious Capitalism』, Harvard Business School Press, 2013.

3. 달라이 라마·라우렌스 판 덴 마위젠베르흐, 『리더스 웨이』, 김승욱 옮김, 문학동네, 2009.

4. '직장 내 이상형 1위, 능력보다는 웃으면서 인사하는 동료가 최고', 중앙일보, 2013. 8. 16.

5. '글로벌 경영환경은 예측불허……'즉흥연주'하듯 맞서라', 한국경제, 2012. 8. 23.

6. 리카르도 세믈러, 『셈코 스토리』, 최동석 옮김, 한스컨텐츠, 2006.

7. 마쓰우라 모토오, 『선착순 채용으로 세계 최고 기업을 만들다』, 이민영 옮김, 지식공간, 2010.

8. '코카콜라도 두려워하는 중국 음료 챔피언 '와하하' 그룹의 미래전략', 두두차이나, 2012. 12. 12.

9. 김난도 외, 『트렌드 차이나』, 오우아, 2013.

10. '中, '13억 소비' 뒷받침 땐 연 10퍼센트 이상 성장도 충분', 매일경제, 2013. 1. 2.

11. 데이비드 노박, 『이기려면 함께 가라』, 고영태 옮김, 흐름출판, 2012.

12. 김성근, 『리더는 사람을 버리지 않는다』, 이와우, 2013.

13. 게리 해멀·빈 브린, 『경영의 미래』, 권영설 외 옮김, 세종서적, 2009.

14. SBS 스페셜 〈리더의 조건〉 제작팀, 『리더의 조건』, 북하우스, 2013.

15. Travis Bradberry 외, 『Leadership 2.0』, Brilliance Audio, 2012.

16. '동화의 나라에서 '경영의 노스트라다무스'를 만나다', 조선일보 위클리비즈, 2008. 2. 22.

삶에는 정답이 없다. 자신만의 방식으로 자신만의 삶을 살아가는 것이 최선이자 최상의 방법이다. 남의 답이 아닌 나만의 답으로 문제를 해결하고, 외부 자극이 아닌 자기 동력으로 성장하는 힘, 즉 '셀프 파워'는 **2014년을 지배할 획기적인 키워드**가 될 것이다.
　　　　　　　　　　　　　　　　　　　　　 – 조동성, 서울대학교 경영대 교수

저자가 30여 년간 글로벌시장을 누비며 쌓은 땀이 밴 실전경험과 대학 교수로 연구하며 축적한 첨단의 이론이 융합돼, 놀랍도록 명쾌한 그림을 그려냈다. 답답한 경영자와 무기력한 조직원, 이로 인해 정체된 조직. 그 **악순환을 끊을 분명한 해법**이 담겨 있다.
　　　　　　　　　　　 – 이태용, 아주그룹 부회장·전 대우인터내셔널 대표이사 사장

이제 믿을 것은 자기 자신뿐이라는 막막함에 휩싸인 사람들에게, 자기 자신만의 힘으로 얼마나 빛나는 성취를 이뤄낼 수 있는지를 보여준다. 스펙 경쟁의 고단함과 성공지상주의의 피로감에 **주저앉은 당신을 일으킬 단 한 권의 책**이다.
　　　　　　　　　　　　　　　　　 – 김용성, 두산인프라코어 대표이사 사장

소중한 통찰과 현장감 있는 교훈들을 생생하고, 유익하고, 또 무엇보다도 읽기 쉽게 잘 정리하고 있다. 저자가 정리한 대부분의 경영원칙들은 나도 마음 깊이 공감하는 바인데, 글재주가 없어서 풀어내지 못했던 것을 저자가 대신 잘 정리해주어 감사할 따름이다. 나와 함께 일하는 SK 리더들에게도 필독을 권해야겠다.
　　　　　　　　　　　　　　　　　　　 – 최광철, SK건설 대표이사 사장

가장 위대한 기업은 자생적 학습조직이다. 이를 위한 기본요건은 직원 모두가 업무에 대한 소명을 가지고 있고 자기에 대한 정체성이 분명한가, 그리고 스스로 열정을 재충전할 수 있는 에너지가 있는가이다. 바로 셀프 파워! 이것은 위대한 기업을 만드는 데 매우 중요한 요소다.
　　　　　　　　　　　　　　　　　　　　　 – 정태희, GE HR 총괄 전무

재능 있는 사람은 노력하는 사람을 이기지 못하고, 노력하는 사람은 즐기는 사람을 이기지 못한다고 한다. 이 책은 즐기는 사람보다 더 강한 사람은 '스스로 미쳐서 일하는 사람'이라고 말한다. 내 문제를, 내 삶을 나보다 더 잘 알고 몰입할 수 있는 사람은 없기 때문이다. 성공에 이르는 길이 바로 '나 자신' 속에 있음을 깨우쳐주는 이 책을 통해 '셀프 파워'를 키워보라. **성공을 위한 가장 강력한 힘**을 얻게 될 것이다.

– 표현명, KT 사장

놀랍다, 뜨겁다, 재밌다, 그리고 벅차다! 리더라면 **조직 경영에 있어 새로운 돌파구**를 찾을 수 있을 것이고, 개인이라면 자신의 인생을 오직 자신의 것으로 가꾸는 비밀을 얻을 수 있을 것이다.

– 김효준, BMW Korea그룹 대표이사 사장

나의 동반자 정우영, 김경준, 그리고 미래의 리더들에게 바칩니다.

셀프 파워

1판 1쇄   2014년 2월 14일
1판 3쇄   2014년 4월 24일

지은이 김종식
펴낸이 강병선
기획·책임편집 고아라 | 편집 이연실 | 모니터링 이희연
디자인 이효진 | 마케팅 방미연 최향모 김은지 유재경
온라인마케팅 김희숙 김상만 한수진 이천희
제작 강신은 김동욱 임현식 | 제작처 영신사

펴낸곳 (주)문학동네
출판등록 1993년 10월 22일 제406-2003-000045호
임프린트 오우아
주소 413-120 경기도 파주시 회동길 210
전자우편 editor@munhak.com | 대표전화 031)955-8888 | 팩스 031)955-8855
문의전화 031)955-8889(마케팅) 031)955-1915(편집)
문학동네카페 http://cafe.naver.com/mhdn | 트위터 @munhakdongne

ISBN 978-89-546-2399-5 03320

www.munhak.com